寫給過度教養的一代：諾貝爾得獎者給父母的180個建議

Nurturing Success: Raising Nobel Prize Winners

林仁和 博士◎著

目錄

第三章 不是貴重禮物，給孩子釣竿

第四章 為孩子一生夢想與需要啟蒙

第五章　為未來的成功加強動機與動力

——來自拉脫維亞的奧斯特瓦爾德、波蘭的瑪麗．居禮和美國的庫柏　111

第六章　後天的努力讓成功如虎添翼

——捷克的海洛夫斯基、澳洲的康福思和美國的博勞格　135

第七章 失敗是成長與成功必然代價

第八章 困境與逆境中不乏力爭上進者

序

在任職東海大學「幸福家庭推廣中心」主任期間，一位媽媽帶著就讀小學二年級的兒子小飛（小名）來諮詢「親子教育」課程。以下是與小飛對話部份記錄：

「你最喜歡玩什麼遊戲？」

「放風箏！」

「為什麼？」

「因為我很會玩，風箏總是飛得比別人高！」

……「你最不喜歡的是什麼？」

小飛看著媽媽，沒有馬上回答。媽媽技巧地藉故離開。

「我不喜歡上學！」

「為什麼？」

「老師不喜歡我問問題，我也討厭回家時，媽媽總是問我：今天有沒有聽老師的話？有沒有乖乖上課？」

「那麼，你不喜歡讀書？」

「不是的，我很喜歡看書，看課外有興趣的書。但是，媽媽不喜歡，總是要我把功課做好。」

「問老師什麼問題？」

「老師教我們在坐車時要要有禮貌，讓位子給老人，長輩……。」

「老師的話不對嗎？」

「我只是問老師；假使我是站著，如何讓座位？」

……

因為聰明又好動，爺爺幫他取了外號「小飛」，希望他能夠順利地成長，接受良好教育，將來「飛黃騰達」。媽媽（職業婦女）受到爺爺期待的壓力，因此，特別關心兒子在學校的情況，卻發現他的學習興趣與父母期待有落差。小飛的故事提醒我們一項重要的親子教育課題：

不要把孩子當風箏，給他一雙翅膀！

飛鳥縱橫長空，需要的是一雙能夠自由飛翔的翅膀。參閱百年諾貝爾獎歷史，我們發現那些獲獎者在成長與邁向成功過程，背後總是有著包括父母親與長輩的有力推手。他們都給獲獎者的成長提供了適當的學習環境，幫助他們邁向人生的成就高峰。任何孩子的成長都是需要支持和幫助的，給他們所需要力量，助他們成長——給他們一雙強壯的翅膀，助他們自由飛翔！

然而，在現實上卻困難重重：在今日少子化家庭，父母「望子成龍」與「望女成鳳」的心願更加迫切——把孩子當風箏。父母會不惜一切代價，細心安排子女上補習班或者請家教補習，總是要求孩子乖乖聽話，成績要拿第一名……。在這個前提下，雖然可能讓孩子像風箏一樣的順風高飛，但是，其高度與方向依然掌握在父母親的手中。於是，成就了父母心願，卻苦了孩子的成長。記得，泰戈爾（Rabindranath Tagore）一九一三年諾貝爾文學獎得主曾經留下一句親子教育金言：

鳥翼上繫了黃金，

鳥就飛不起來了。

回顧諾貝爾獎歷史，自一九〇一年到二〇一八年十二月為止，共有九百二十人次獲得包括物理學，化學，文學，生理學或醫學，和平與經濟學等六項領域。本書將與讀者分享他們的親情故事，去體會家庭教育的真諦。對尋求子女高成就的父母來說，本書提供諾貝爾獎得獎者成功親子教育典範帶來的啟示。然而，那些身在奮鬥中、渴望成功的孩子而言，我們同時希望提供他們成長的智慧和奮鬥的勇氣。

本書是通過研究與分析許多位諾貝爾獎得獎者的成長與成功歷程，然後歸納了十項範例（十章），每項範例（章）包括三個相關的案例。在這三十位得獎者，對他們的成功環境（搖籃）——家庭背景與親子關係以及成長助力者（推手）——父母親或祖父母，講述了他們之間發生的種種故事。從這些成長過程裡，我們分享了美好的親情：為獲獎者提供無私的奉獻、親子之間真誠互動以及如何克服種種困難與障礙。筆者期待讀者可以從諾貝爾獎得獎者案例中學到提供孩子成長的力量以及成功的智慧。

林仁和
東海大學
二〇一九年四月十日

導讀

成功的搖籃：諾貝爾得獎者的成長推手

根據「成功的搖籃：諾貝爾得獎者的成長推手」主題，本書從百位諾貝爾獎得獎者的親子教育案例中，歸納了十項範例（十章），然後在每一個範例（章）選擇了三個具有代表性的案例進行論述。這些範例包括：

第一章　出身平凡卻有非凡成就
——印度的泰戈爾、俄國的巴甫洛夫和美國的海明威
第二章　在關愛與自信環境中成長
——愛爾蘭的沃爾頓、美國的特明和法國的格林尼亞
第三章　不是貴重禮物，給孩子釣竿
——法國的比埃爾．居禮、法國的多塞和德國的愛因斯坦
第四章　為孩子一生夢想與需要啟蒙
——非裔英國人路易斯、英國的巴頓和台灣的李遠哲
第五章　為未來的成功加強動機與動力

——來自拉脫維亞的奧斯特瓦爾德、波蘭的瑪麗．居禮和美國的庫柏

第六章　後天的努力讓成功如虎添翼

——捷克的海洛夫斯基、澳洲的康福思和美國的博勞格

第七章　失敗是成長與成功必然代價

——荷蘭的塞曼、西班牙的卡哈爾和德國的維蘭德

第八章　困境與逆境中不乏力爭上進者

——英國的布拉格、中國的崔琦和南非的科馬克

第九章　單親、失親的行與思

——奧地利的普雷格爾、法國的沙特和日本的川端康成

第十章　優越的成長環境一定就可以成就優越的孩子嗎？

——英國的湯姆森、美國的鮑林和法國的伊倫．居禮

為了幫助讀者能夠瞭解更完整的親子教育經驗，在三個案例論述之後，提供「搖籃與推手」、「成功加油站」以及「成長的故事」等主題項目。在「搖籃與推手」裡，分別分析三個案例的成長環境與父母親的成功助力；在「成功加油站」裡，提出相關議題討論，加強對前兩項的論述，最後，在「成長的故事」裡，與讀者分享一個感人的故事。

在進入主題討論前，「家庭教育」與「親子教育」兩項關鍵概念的瞭解或確認，將有助於分享範例及案例中的論述。

家庭教育

家庭教育是指父母或其他年長者在家庭生活中有意識地對孩子或晚輩進行的教育。家長對孩子進行的是做人與做事所需要的全方位教導。教育方法也比較靈活，家長可以根據本身條件和需要以不特定方式對孩子進行教育。家庭教育從孩子出生就開始進行，一直持續到成年之後。

家庭教育是一種特殊的教育形態，是一種非正規的教育。它雖然有一定的目的，但不是有組織與有嚴密計劃的教育：教育者絕大多數不具備專業教育知識和教育能力，教育和訓練也沒有固定的模式、時間和地點。家庭教育是為了滿足個別家庭傳統與長輩的個人願望，教育方法與內容，則取決於教育者的個人意志與能力。

第一，家庭教育是一種建立在婚姻關係、血緣關係或收養關係基礎之上的教育。在家庭教育中，教育者和受教育者之間不僅是一種教育和受教育的關係，而且是一種血緣關係、隸屬關係和情感關係。所以，家庭教育是為了充分地滿足家庭成員的個人願望以實現其需求的活動。

第二，家庭教育是一種融合於家庭生活之中、自然而然地進行的教育。家庭是人類社會生活的基本組織形式。在家庭中進行的一切活動，都是從生活的角度出發，以生活需要為中心進行的，可以說，家庭教育是一種生活教育。因此，家庭教育是一種在家庭中分散和隨機進行的非形式化教育，沒有統一的課程計劃和教學內容，沒有固定的模式、時間和地點，一般由教育者隨機而教。

第三，家庭教育是終生的教育過程。個人最初所接受的教育就是家庭教育，這個教育過程要一直延續到個人（施教者與受教者）一方告別這個世界為止。這種長期的終生的教育，對一個人的人格的形成能夠產生強烈的、持久性的影響。在個人成長與成家立業之後，所謂「隔代」家庭教育依然繼續存在，祖父母的介入孫子女教育方式，是一個典型的例子。

親子教育

「親子教育」是二十世紀後期開始在美國、日本以及台灣興起的一種建立在「家庭教育」基礎上的新型教育模式。在這裡，「子」是指孩子，「親」就是指孩子的長輩，主要指孩子的雙親。親子教育不同於我們通常理解的以家長為中心的「家庭教育」和以兒童為中心的「兒童教育」，其核心內容是父母與其孩子相互尊重、共同教育以及一

起成長。

第一，親子教育是以親緣關係為主要維繫基礎。根據該家庭特有的關係狀況，被擴展為在家庭範圍內所有與孩子密切接觸的人：「照顧者」（父母，祖父母）與「被照顧者」（孩子）之間的關係，並形成照顧者與被照顧者之間以互動為核心的親子關係。這種親子關係是持續存在，因此，親子教育並不限於兒童，也不會因為兒女成年而終止。

第二，「親子教育」是以愛護子女身心健康和開發子女潛能，以培養子女個性為目標。它也是為了提高新生人口整體素質為宗旨的早期教育，其重點在於加強家庭成員之間的感情與責任關係。親子教育強調的不是單純的知識傳輸，而是包括：知識教育、品德修養、能力素質以及情感性格等四合一的核心教育。

第三，從教育的對象看，親子教育不是單純的家庭教育，也不是傳統的校園教育，「親」與「子」兩者都應該同時受到教育，一起成長。由於父母親通常是「新手上路」，與被教育者（小孩）都是從頭開始要面對這項新課題，因此，兩者都應該同時一起受教育。

第四，從教育的方式看，以東海大學幸福家庭推廣中心的「親子教育諮詢」為例，親子教育不僅是早期教育中，老師單向對父母親傳播育兒知識與方法，更是父母親、孩子、早期教育老師之間三方面交互的、生活化以及以感性為主的教育方式。這工作是在一定時間內，逐項遞增。

親子教育推行從零歲開始的觀念，強調全程教育，全程發展，特別注重三歲以前的早期教育，其目標是實現幼兒的理想發展。它將遊戲活動作為主要教育手段，教學活動遵循零歲到三歲幼兒的身心發展特點設計而成。提高家長的現代化育兒水準，實現子女學習、家長培訓的指導概念，形成教師、家長與子女進行互動遊戲的教學模式。

親子教育與家庭教育雖然在功能上有許多類似與重疊之處，但在教育基礎與方法上有所區別。例如，家庭教育通常是以「家庭」為核心，建立在以維護與延續家庭傳統的「光宗耀族」基礎上；然而，親子教育，則是以「孩子」與「父母」一起互動，彼此學習為軸心，建立在以孩子個人成長與發展的需要前提上。再者，家庭教育的方式具有不同程度的「權威」與「指令」性質，而親子教育是以「溝通」與建立「關係」為工具。

總之，「家庭教育」與「親子教育」的相關活動，特別為孩子的未來成長與成功提供了優質的環境，目的是通過父母親在親子間的互動關係中，扮演關鍵角色，使孩子得到良好的發展，於是，父母親成為優秀的教育「推手」。我們將從「家庭教育」與「親子教育」觀念基礎上，討論「成功的搖籃：諾貝爾得獎者的成長推手」，分享他們的成功經驗。

以下是本書的主要參考資料來源：

諾貝爾獎官方網站 www.nobelprize.org。

Nobel Prize Winners，二〇一八年十二月一日H.W. Wilson出版。

諾貝爾獎得獎者個人傳記。

相關新聞與評論資料。

第一章

出身平凡卻有非凡成就

——印度的泰戈爾、俄國的巴甫洛夫和美國的海明威

搖籃與推手——成長教育，目標與性格

成功加油站——大樹成長理論

成長的故事——並沒有徒勞而返！

即使最平凡的人，
都可以取得非凡的成果。
——盧瑟福（Ernest Rutherford）一九〇八年諾貝爾化學獎

01 重視孩子的自我教育

一九一三年諾貝爾文學獎得主泰戈爾

羅賓德拉納特．泰戈爾（Rabindranath Tagore）印度人，一八六一年五月七日生於印度的加爾各答，一九四一年八月七日於原籍去世，享年八十歲。他「因為那極為敏銳、清新和優美的詩。他的詩具有高超的技巧，並由他本人用英語表達出來，使他那充滿詩意的思想業已成為西方文學的一部分」，獲得一九一三年諾貝爾文學獎，時年五十二歲。

泰戈爾出身於印度一個有十四個孩子的大家庭，父親是加爾各答一位宗教工作者，母親是家庭主婦。泰戈爾是十四個孩子中排行最小的。家境雖然小康，但父母對孩子的要求很嚴，從不讓孩子過奢華的生活，吃穿都很簡樸，過著一般家庭的生活。因此，泰戈爾從小就養成了節儉的習慣，不浪費任何東西。

泰戈爾很早就開始接受啟蒙教育，父母先給他聘請家庭教師，後來送他進了一所類似幼兒園的學校。這所學校的教育方式很不適合泰戈爾，教師脾氣暴躁，教育方法簡單，為了把知識塞進小孩的腦子裡，想出各種辦法來懲罰成績不好的學生。泰戈爾七歲時，父母又把他送進一所師範學校讀書，狀況還是一樣，不能滿足非常好學的泰戈爾學習需要。

後來，泰戈爾回憶童年生活，認為在家庭學習要比學校教育好多了，學校留給他的全部印象是：課程排得太滿，每天早晨集體唱一首英語歌，做體操，醫學院學生講解「生理知識」，七點鐘左右，數學老師教他代數、幾何，之後便是學孟加拉語和梵語。午餐後，又被送出去學習其他課程，下午四點回家練體能，學繪畫和英語等家庭作業，一直忙到深夜。這些課程對於一個不滿十歲的孩子來說，確實太辛苦了。

在泰戈爾的成長過程中，家庭教育扮演了更重要的角色。在家裡有濃厚的音樂氣氛，每個家庭成員都能唱歌和演奏幾樣樂器，而且一些遠道而來的音樂家會寄宿在他家裡。生活在這樣的環境裡，泰戈爾時常聆聽古典、民間和宗教音樂，從小接受音樂薰陶，表現出對音樂的高度興趣。

泰戈爾七、八歲開始練習寫詩，其中有一首詩描寫一位採荷人的故事。描寫的是：

採荷人在水裡，
因為他自己把水掀起浪花，
把荷花越推越遠，

因此，採荷人始終無法採到荷花，

心情十分痛苦。

這首詩是他的處女作，受到父母及長輩的一致誇獎，也為泰戈爾此後文學創作興趣奠定了基礎。

泰戈爾自幼喜愛大自然，他有一個願望，就是想要跟隨父親去喜馬拉雅山。這一天終於來臨了，父親同意帶他一塊去領略世界最高峰的風光。泰戈爾感到無比興奮，因為這是他自出生以來最快樂的事。在旅途中，父子兩人一起讀文學作品，朗讀富蘭克林的傳記，學習天文知識，談天說地，跋山涉水。喜馬拉雅山之行，使泰戈爾非常感激父親，父親所給予的自由與自信，讓他終生難忘。

泰戈爾在後來的回憶中寫道：

「父親一生不干涉我們的自由。有幾次，我的作為，違背他的情感和理智。這時，只要父親稍加暗示，就可以制止，但他沒有這樣做。父親認為：在內心禁忌的力量未產生前，最好還是等待」。

他繼續解釋：

「消極地接受某種干涉，是不會使人痛快的。父親希望我們全心全意熱愛真理，深知沒有愛而單純地執行命令，就是有行動也是虛假的」。

泰戈爾認為，真理的道路迷失了，還可以失而復得，但用外力強迫一個人或使一個人盲目地接受真理，最後反而會阻礙他走上真理的道路。

泰戈爾上了中學以後，對學校的學習依然不滿意，進了幾所學校，感到學習枯燥乏味、機械呆板，提不起一點興趣，學習成績持續下降，甚至連升學資格也沒有。父母親對他上學校所受到的挫折也感同身受，於是他在十四歲便終止到學校讀書。

擺脫了學校，開始了泰戈爾的自我成長教育，更像一匹脫韁的小馬自由地馳騁。在泰戈爾家有大量的藏書可以閱讀，家裡也經常聚集大批著名學者、詩人、音樂家、藝術家、哲學家和社會改革家等名流，他從他們那裡學習各類知識。他在家裡閱讀了大量新詩、小說，並且開始發表自己的作品。他的許多詩歌都登載在《婆羅蒂》文學月刊上。

在泰戈爾生活的那個年代，文學創作不能算作是一種可靠的職業。儘管他在創作上表現出卓越的才華，也獲得了初步的成功，但父母與長輩們還是擔心他的前途，決定送他去英國深造。去英國前，泰戈爾閱讀了許多英國文學和歐洲文學，接觸了但丁、海涅等偉大詩人的作品，這為他日後的創作打下了堅實的基礎。

泰戈爾一生創作了五十多部詩集，長篇、中篇小說十二部，短篇小說一百多篇，戲劇二十多種，還有大量哲學、政治、回憶錄、遊記等作品。泰戈爾還創作了上千首歌曲，成為一名集詩人、小說家、劇作家、政治家、畫家、音樂家和社會活動家於一身的東方文學泰斗。

泰戈爾是向西方介紹印度文化精華和把西方文化精華介紹到印度的最具有影響力人物。早年即開始寫詩，詩集《心中的嚮往》（一八九〇年）標誌著他的天才文學成熟。他那眾所周知的抒情詩集《吉檀迦利》的英譯本在一九一〇年出版，為他贏得至高的榮譽。泰戈爾還是一位天才作曲家，曾為幾百篇詩譜曲。在一九一三年他獲得諾貝爾文學獎，是亞洲第一位得獎的文學家。

02 尊重孩子意願與目標

一九〇四年諾貝爾生理學或醫學獎得主巴甫洛夫

伊萬．彼得羅維奇．巴甫洛夫（Ivan Petrovich Pavlov）俄國人，一八四九年九月二十六日出生，一九三六年二月二十七日去世，享年八十七歲。一九〇四年他因為「在消化的生理學研究上的工作，這一主題的重要方面的知識由此被轉化和擴增」獲得諾貝爾生理學或醫學獎，時年五十五歲。

巴甫洛夫出生於俄國中部的小鎮。他的祖父和曾祖父都是當地的貧農。父親是一個貧窮教區的傳教士，由於收入微薄，有許多個子女的家庭生活十分清苦。為了維持一家人的生計，父親除盡心公務外，還時常去種蔬菜等農產品出售。母親則有時去當傭人，替人家做雜事。

巴甫洛夫家境雖然窮困，但他父親為人正直，性格開朗，勤於讀書，嚴格要求自己和子女。在家裡，父親對孩子們十分嚴格，實行一套特殊的教育方法，為的是使孩子們堅強、正直、勤勞以及有文化教養。除了嚴格要求子女嚴守家教，父母更以身作則，樹立榜樣。

巴甫洛夫的父母親有一個共同的觀點：再窮，也要讓孩子讀書。巴甫洛夫一到上學年齡，父母就將他送進當地的教會學校，讀完小學，又讀中學。中學畢業之前，父親鼓勵並支持他上大學。為了支付巴甫洛夫的讀書費用，一家人過著更儉樸生活，處處厲行節約。

父親擁有一個影響巴甫洛夫終身的嗜好，就是非常喜歡讀書。儘管生活上處處節省開支，但卻常常捨得花錢買一些新出版的書籍與雜誌閱讀。父親的這種嗜好和家庭的文化氣氛，自然為孩子們創造了一個良好的學習環境。巴甫洛夫的父親經常看書，也要求巴甫洛夫多看書，並且要求每本書至少要讀兩遍，讀書後要能提出問題，思考答案。在父親的教育影響下，童年的巴甫洛夫養成了愛讀書、注意觀察事物和動腦筋思考問題的好習慣。

後來，巴甫洛夫回憶說：

「從有記憶時起，我便竭力為提高智慧和道德而奔忙。因此我讀了許多書！」

在十五歲那年，巴甫洛夫在父親的書架上，看到一本名為《日常生活的生理學》的小冊子，作者雖是一位名不見經傳、早已被人們遺忘的英國生理學家路易士，但這本通俗讀物中的內容，卻深深地吸引了巴甫洛夫，激起了少年巴甫洛夫對生理學的極大興趣。從此，巴甫洛夫與生理學結下了不解之緣，他將那本小冊子謹慎地保存了一生。對那本通俗生理學小冊子的閱讀，可以說是巴甫洛夫一生邁向生理學專業的關鍵。父親的藏書不斷地給巴甫洛夫知識營養，是他智慧累積的重要泉源。巴甫洛夫在回憶自己的人生道路時說：

「在六〇年代書刊的影響下，我的思想、趣味都轉向了自然科學。」

巴甫洛夫的父親教育思想開明，他既嚴格要求子女，又能尊重孩子的志趣，並給與正確的引導和熱情的支持。

巴甫洛夫在教會學校經過五年學習，各門功課成績均名列前茅，再過一年就要去當傳教士了。但是，他卻自作主張，考進了聖彼得堡大學數理系的生物科學部。當巴甫洛夫向父親表示自己的意願時，父親並沒有因為兒子違背自己的初衷而斥責他，相反地，十分尊重他的興趣和選擇。以下是父子的關鍵性對話：

「等你在教會學校畢業了再去吧？」

父親對巴甫洛夫說。

「我不能浪費時間了。爸爸，我有很多東西急需知道。」

巴甫洛夫低聲而肯定地說。

「你急需知道什麼呢？」

「我特別想知道，人體是怎樣構造的。」

「你想當醫生，是不是？」

「不是的。」

巴甫洛夫搖搖頭。

「那你為什麼要知道人體的構造呢？」

「為了幫助人，為了使人類變得更健康、聰明而又幸福。」

巴甫洛夫熱烈地回答。

「你很有膽量，想法更是勇敢，你能實現你的理想嗎？」

父親意味深長地對他說。

「我會下苦功的，請爸爸放心。」

「你仔細考慮過你的理想沒有？」

「我已經下定決心，爸爸。」

父親明白兒子的話是經過深思熟慮的，於是，立即站了起來，對兒子說：

「好吧，我祝你成功！」

幾天之後，巴甫洛夫就和父母告別了。

「好好學習，有學問才有前途，沒有學問將一事無成。」

父母親用這兩句話作為給兒子的臨別贈言。巴甫洛夫以家境貧寒的身分，帶著父母的祝福走進聖彼得堡大學。

他研究血液循環生理學，揭示了神經的影響歸結為營養方面的影響。開闢了生理學的一個新分支——神經營養學。他研究了消化生理學，發現了主要消化腺的分泌規律，並成功地在狗的身體做實驗，闡明了神經系統在調節整個消化過程中的主導作用。

巴甫洛夫還對高級神經活動生理學進行了研究，建立了條件反射學說，探究了人類高級神經活動規律，並提出了第一信號系統和第二信號系統的學說，從而奠定了心理學的生理基礎。他因為在消化生理學方面的研究工作貢獻，獲一九〇四年諾貝爾生理學或醫學獎，他是俄國第一個獲得諾貝爾獎的科學家，也是世界生理學家中第一個享有如此崇高榮譽的人，被人們譽稱為「生理學無冕之王」。

03 培養勇敢與簡潔性格

一九五四年諾貝爾文學獎得主海明威

恩尼斯特・米勒・海明威（Ernest Miller Hemingway）美國人。一八九九年七月二十一日出生於伊利諾伊州的奧克帕克，一九六一年七月二日於愛達荷州的凱徹姆去世，享年六十一歲。因為他精通於敘事藝術，突出地表現在其近著《老人與海》（一九五二）之中；同時也因為他對當代文體風格之影響，獲得一九五四年諾貝爾文學獎。

海明威的成長背景與當時大部分美國的中產家庭一樣，父親是一位醫生，母親是一位很有教養的家庭主婦，關心孩子，喜愛藝術，熱衷於宗教活動。這個家庭有五個女兒二個兒子，海明威排行第二，有一位姊姊，四個妹妹和一個弟弟。父母親非常重視孩子的教育，特別是家中第一位男孩海明威的教育和成長，而父親的教育方法似乎更有獨到之處。

父親在一般家庭生活與作息之外，非常注重讓海明威去接受大自然的陶冶和考驗。當這位醫生每次出外問診時，海明威會跟隨著。長此以往的跋山涉水、往返各個鄉鎮之間，使得海明威的眼界逐漸開闊。然而父親並不滿足於此，他體認到，僅僅這樣是不夠的，必須讓海明威盡可能提早擺脫對家人的依賴，培養獨立自主的能力。因為太多的依賴性會淹沒孩子的潛在才能，使其無法有所作為。

這位有獨到見解的父親，經過一段思考之後，終於選擇了一般父母不敢嘗試的獨特教育方式。在海明威年僅四歲的時候，父親就嚴肅地對他說：

「孩子，別老跟著我，自己去行動！」

說完後，父親就給海明威一根釣魚竿，並鼓勵他：

「自己去釣魚吧！你一定可以的。」

於是，海明威開始嘗試他單獨的釣魚行動，他經常思考一些相關問題：什麼樣的魚餌能夠釣到何種魚類？何時魚在休息？何時魚肚子餓了？另外，一個小孩如何能夠把釣到的「大魚」抓到手，也是他要單獨學習的功課。這對一個四歲的孩子來說，談何容易?!

經過一段時間後，父親又給了海明威一把獵槍。在父親指點和鼓勵下，海明威於是開始了更獨立自主的活動，而且很快就迷上了釣魚、打獵和探險。接著父母親提供他大量書籍，他於是又迷上了閱讀書籍的習慣。在成長過程中，父親所供的釣魚、打獵與閱讀等三個自小形成的愛好，對海明威走上文學創作道路以及為人行事風格產生了重要作用。

父親在海明威中學時代，把教育的重責大任交給兩位女英文教師。她們除了具備語文教學能力，也性格開朗、坦率誠懇、工作踏實認真、風趣，富於幽默感。她們不僅很器重和賞識海明威的寫作才華，並對他的作文嚴格要求、用心輔導、熱情鼓勵。於是這兩位老師經常向校辦的雜誌推薦海明威的作品，其中包括一些很天真的文章。這兩位教師成為海明威的良師益友，亦是他文學上的啟蒙之人。

在海明威十八歲時，他遇到了成長過程中另一位重要人物：彼德．威靈頓。當時海明威是堪薩斯城《堪城明星報》的實習記者，而威靈頓則是該報的城市版編輯，這位先生知識淵博與業務熟練。他對海明威的要求極其嚴格，甚至有時到了苛刻的地步，每當海明威採訪寫新聞稿，威靈頓都要用《堪城明星報》的「文體風格單」要求，一絲不苟地對照檢查。其中「文體風格單」第二十一條規定：

「在報導新聞時，要避免過度用形容詞，例如，輝煌的、燦爛的、宏偉的、壯麗的等等」。

在工作上，海明威一旦違反了《堪城明星報》的規定，威靈頓就毫不客氣地大發雷霆：

「為什麼要把讀者弄糊塗？你喜歡聽別人那樣空談話嗎？把實事實說！」

這種嚴格訓練給海明威留下了異常深刻的印象，海明威後來說：

「這些是我寫作事業學到的最好規則。我永遠忘不了這些規則。」

據說海明威後來經常用單腿站立寫作，以在有限時間內，講求文字簡潔地完成作品。從而形成了著名的「海明威風格」。由於海明威深深受到了寫作風格影響，也就是：

「用簡潔的句子。用短的段落作文章開首。用強有力的英語。思想正面。」

海明威的寫作風格一直以簡潔著稱。在海明威出生的一百週年紀念時，《堪城明星報》為表示對他的敬意，稱其為一百年來該報歷任記者中的第一位。雖然當時的海明威僅僅是一位實習記者而已。

以上這些人，包括父母親、英文老師以及報社編輯都給了海明威不同層次的教育與影響，從不同層面塑造了海明威的性格，對他後來的成功具有不可或缺的作用。

海明威生性獨立勇敢與堅毅，行文簡潔有力，真正做到了「文如其人」，而他這種明快有力的寫作方式後來亦被稱為「海明威風格」。他一生中，曾遊歷歐洲各國，接觸過許多知名作家和藝術家，也累積了非常豐富的創作素材。他在巴黎生活和寫作將近十年，也曾前往西班牙參與反法西斯戰鬥，並創作了反映西班牙內戰的《喪鐘為誰而鳴》（一九四〇）。第二次世界大戰後，他定居古巴，進入全新的創作階段。一九五二年，他完成了短篇小說《老人與海》，因而獲得一九五四年諾貝爾文學獎。

搖籃與推手——成長教育，目標與性格

讓孩子學會自我分辨、自我判斷以及自我選擇，從而得到了自我教育

泰戈爾的案例是「自我成長教育」的典範。他的成長與成功固然與家庭良好的文化背景有關，但不同於一般家庭教育的是：

「當孩子的思想、行為與父母的要求以及情感和理智發生衝突時，泰戈爾的父親不是簡單地要求孩子服從自己的意志，而是善於激發孩子的內在性動機力量，讓孩子學會自我分辨、自我判斷以及自我選擇，從而得到了自我教育。」

以上是後人對泰戈爾成功經驗的解釋。從他的父親看來：

「在孩子的內心禁忌力量產生前，最好還是耐心等待；消極地接受某種意見，是不會使人臣服的，因為用外力強迫一個成長中的人，使他盲目地接受真理，最後會阻礙他走上真理的道路。」

泰戈爾父親的這種「自由」教育環境，是喚醒孩子自我意識，然後在已有認知基礎上學會辨別、判斷，從而進行自我消化的教育。這種教育一旦為孩子所接受，便能產生持久的心理支持力量，隨後的事實也證明了它的成功。從結果來看，重視孩子的

自我教育，是泰戈爾的父親進行家庭教育成功的一個顯著特點。

誠然，身為父母或長輩要幫助所愛的孩子站在巨人肩膀上邁向成功，要重視孩子的自我意識教育，激發孩子內在性動機力量，讓孩子逐步學會正確地認識自我與評價自我，進而自我體驗與自我控制。這項教育工作需要根據孩子不同年齡階段的不同特點，逐步而有節奏地進行。

要孩子正確地認識自我，不可能憑空產生，要從正確概念開始，只有接受了正確的認識，有了分辨是非曲直的概念，在不斷的比較中，才能進行自我判斷與自我約束。強調孩子的自我教育，並不意味放任不管，而是需要父母耐心與細緻的引導。當孩子自我意識、自我分辨能力水準太低，而有可能做出一些違紀與危險動作時，父母與長輩仍需要作出強制性的禁令，以防止產生嚴重的不良後果。

巴甫洛夫案例的關鍵在於「尊重意願與目標」，這反應了兒子興趣取向的「親子教育」，有別於以父親目標為主的「家庭教育」。父親是個傳教士，很想讓兒子繼承自己的事業。當兒子的選擇有違自己的願望時，教育思想開明的父親能尊重孩子的志向，並給與正確的引導和熱情的支持，把兒子送進聖彼得堡大學學習自然科學。這是十分難能可貴和明智的做法，這是父親尊重兒子意願與目標的親子教育成功案例。

當孩子興趣發展面臨重大問題時，父母需要對孩子提供必要配合環境的引導和輔助。這對於孩子自主選擇能力差，經驗不足的孩子來說，顯得尤為重要。然而，不少父母親在引導與輔導時越過了界線，把自己的意志強加於孩子身上，其結果是：造成孩子與父母的心理對抗，因而造成矛盾，久久難解。

反之，過於強勢的父母會造成孩子的依賴性，缺乏自我責任意識。例如：在明星學校招生會的場景中，父母們彼此熱烈地交換意見與心得，而孩子們卻在一旁無所事事，彷彿是個局外人。父母主導的結果：孩子久而久之會患上依賴綜合症，滿腹牢騷，讓父母吃力不討好而倍感委屈。父母們可以從巴甫洛夫父親的做法中得到有益的啟迪：引導而不強求，輔導而不包辦。

巴甫洛夫家境貧困，一家人過著儉樸生活，處處厲行節約。但巴甫洛夫的父親一生喜愛買書，喜歡讀書。一本名為《日常生活的生理學》小冊子，把兒子引導往生物科學研究與成功之路。身為父母或長輩要幫助所愛的孩子站在巨人肩膀邁向成功，要記得：書是人類進步的階梯，巴甫洛夫父親不只是引導孩子熱愛書籍，更重要的是指導孩子讀書後，要能提出問題與動腦筋思考問題，以便培養孩子善於讀書的好習慣，這樣的讀書方式才是有效。

幾乎所有父母都會不惜代價為孩子的成長與成功付出代價，但很少有人把培養良好的讀書習慣和方法看得比其他項目更重要的。也許，這就是巴甫洛夫父親的教育與眾不同之處，非常值得學習。

海明威的成功在於父親培養他勇敢與簡潔性格，在成長故事中，我們至少可以得到兩點關於教育孩子的啟示：

其一，「搖籃」——放手讓孩子去做，有助於在適當環境中培養他獨立自主的性格；

其二，「推手」——父親對孩子嚴格要求與適當的輔導，對孩子有百利而無一害。父親在海明威才四歲時就敢於放手，讓孩子去發現自己的新天地。一方面，培養了孩子的實踐和動手能力，另一方面，使得海明威性格上潛在的堅毅、勇敢能被激發出來。其實，孩子們並不是生來就懦弱的，很多懦弱都是家長過度呵護而後天培養出來的，殊不知這種過度保護往往使孩子退縮，對孩子的性格形成非常不好的影響。正是父親當年的一句：

「別老跟著我，自己去行動。」

這句話使海明威的獨立自主性格有了起點，並終身受益。

然而，另外的兩位教師和那位編輯給了海明威一些嚴格的訓練，讓他得以持續成長與發展，邁向成功之路。不論什麼事情，興趣固然是第一位，但嚴格的訓練以及自己的努力追求，亦是萬萬不可缺少的配合環境。

身為父母或長輩要幫助所愛的孩子邁向成功，就要向海明威父親的自由和獨立為出發點的教育學習。從海明威的身上，我們可以明顯地看出這一點，這也造就了海明威獨特的風格與成功的一生。

成功加油站——大樹成長理論

要想成為一棵大樹，需要五個條件

大樹理論是指：個人成長與樹木的成長一樣，只要滿足一些條件，就能茁壯成長。大樹理論也被引用在親子教育工作上，它告訴我們，要想成為一棵大樹，需要五個條件：

第一，需要時間。絕對沒有一棵大樹是樹苗種下去，馬上就變成大樹，一定是歲月刻畫出年輪，一圈圈茁壯長大！今日的枝繁葉茂絕非僅是昨日所造成。我們所期待孩子的成功也不是一朝一夕的事情！一定是隨著時間與經驗不斷得到累積。每一次的超越都將是無可替代的寶貴經驗，得之不易的成長與成功，更加顯得彌足珍貴！

第二，需要穩定。絕對沒有一棵大樹，第一年種在這裡，第二年種在那裡，而可以成為一棵大樹，一定是千百年來，經歷風霜雨水，屹立不搖！如果只是陽光雨露，而沒有狂風霜雪，如何懂得大自然所有的恩賜？陽光雨露給予大樹生長的陽光、營養和環境；而經歷的每一次的狂風霜雪就會使大樹更加堅定與無所畏懼。大樹不會因為每次遇到壞天氣就想去找避風的庭園，大樹知道只要熬過就會再一次得到成長！恰恰是經得起狂風霜雪考驗的樹木，才能成為大樹！孩子在成長中的吃苦與磨練，也是必要的過程。

第三，需要根基。大樹的樹根密度往往超出我們的想像，粗根、細根、微根，深入地底，持續的吸收營養，使自己成長茁壯。絕對沒有一棵大樹，沒有根；也絕對沒有一棵大樹的根不深入地底。根基是大樹吸取營養的泉源，沒有根就不會有大樹。如果根基不牢，大樹就會被風吹走，甚至連根拔起。為了尋找更多的營養，大樹努力的把根深入地底。只有不斷地從大地中吸收養分，使自己的根基壯大牢固，才能經得起歲月和時間的考驗，才能讓自己成長！

第四，需要向上成長。絕對沒有一棵大樹只往橫向長，長胖不長高；一定是先長主幹再長細枝，互有空間，絕不打結；越向上長，空間越大，越能成為一棵大樹！園藝師都有類似的心得體會：多餘的殘枝只能點綴暫時的茂盛，而對成長的大樹卻是累贅；大樹之所以能成為棟樑，是要靠不斷地修剪枝葉，所以大樹會一直向上，向上，再向上！大樹明白，要壯大必須向上長！只有向上長，才能使樹幹和每個細枝擁有更大的空間，才能吸收更多的雨露與陽光！

第五，需要面向陽光。絕對沒有一棵大樹往坑洞長。大樹心中的目標就是一定要積極地尋找陽光！陽光，就是大樹的希望所在，大樹體會到必須為自己爭取更多的光明！

大樹成長理論的教育效益，我們可以從第一章「出身平凡卻有非凡成就」的三個諾貝爾獎獲獎者的成長與成功案例，包括：重視孩子的自我成長教育——泰戈爾，尊重孩子的意願與目標——巴甫洛夫以及培養勇敢與簡潔性格——海明威等人的成長故事中獲得了印證。

一個人的真正價值
首先決定於他在什麼程度
和意義上從自我解放出來。

——愛因斯坦（Albert Einstein）
一九二一年諾貝爾物理學獎

成長的故事——並沒有徒勞而返！

丹．克拉克（Dan Clark）：我們並沒有徒勞而返！

當我還是個小孩子時，父親曾帶著我排隊買票看馬戲團表演。在我們和售票口之間只隔著一個家庭。這個家庭讓我印象深刻：他們有八個都是十二歲之下的小孩。他們穿著便宜的衣服，但全身乾乾淨淨的，舉止很乖巧。排隊時，手牽手跟在父母的身後。

他們很興奮的吱吱喳喳談論著小丑、大象，今晚必是這些孩子們生活中最快樂的時刻了。他們的父母親站在一排人的最前端。母親挽著父親的手，看著喜氣洋洋的孩子們，一家人沐浴在愛的氣氛裡……。

售票員問父親，他要多少張票？他回答：

「請給我八張小孩兩張大人，我帶了全家看馬戲團。」

售票員告訴他價格。這人的妻子別過頭，把臉垂得低低的。這父親傾身向前，嘴唇顫抖著問：

「妳剛剛說是多少錢？」

售票員又說了一次價格。

這人的錢顯然不夠。但這個父親怎能轉身告訴那八個興致勃勃的小孩，他沒有足夠的錢帶他們看馬戲團？

父親目睹了一切。他悄悄的把手伸進口袋，把身上僅有的一張二十元鈔票拿出來，並讓它掉在地上。事實上，我們家庭一點也不富有！父親蹲下來，撿起鈔票，拍拍那人的肩膀，說：

「先生，對不起，這是你口袋裡掉出來的！」

這位父親當然知道這是什麼情況。他並沒有乞求任何人伸出援手，但深深的感激有人在他絕望與困窘的時刻幫了忙。他直視著父親的眼睛，用雙手握住父親的手，把那張二十元的鈔票緊緊壓在中間，淚水滑落他的臉頰，說：

「謝謝，謝謝您！先生。這對我和我的家庭意義非常重大。」

我和父親回頭開著我們的車回家，那晚我們雖然沒有進去看馬戲團表演，但是，我們並沒有徒勞而返！

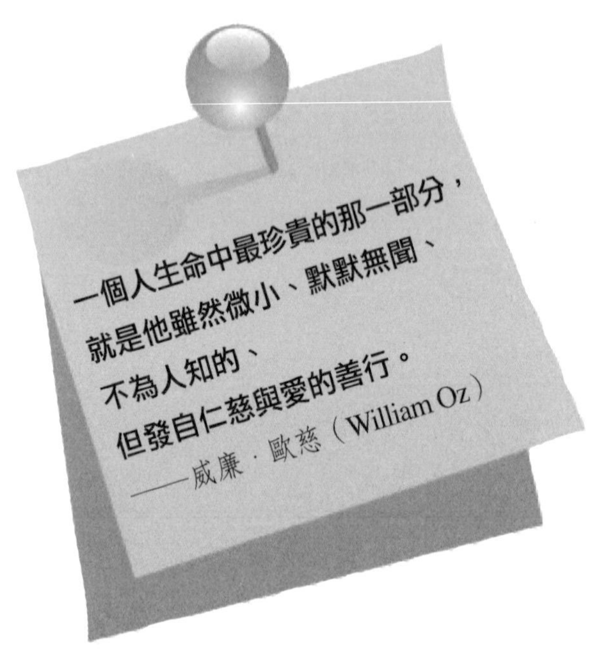
一個人生命中最珍貴的那一部分，
就是他雖然微小、默默無聞、
不為人知的、
但發自仁慈與愛的善行。
——威廉．歐慈（William Oz）

第二章

在關愛與自信環境中成長

——愛爾蘭的沃爾頓、美國的特明和法國的格林尼亞

04 西方家庭的孟母：沃爾頓

05 改變一生的關鍵夏令營：特明

06 從溺愛中回頭的化學家：格林尼亞

搖籃與推手——環境，機會與父母愛

成功加油站——提供成就機會

成長的故事——謝謝你，讓我找回了我自己！

在這個世界，
有所作為的人總是奮力尋求他們所需要的環境。
如果他們未能找到這種環境，
他們也會自己創造環境。
——蕭伯納（George Bernard Shaw）一九二五年諾貝爾文學獎。

04 西方家庭的孟母

一九五一年諾貝爾物理學獎得主沃爾頓

歐內斯．托馬斯．辛頓．沃爾頓（Ernest Thomas Sinton Walton）愛爾蘭人，一九〇三年十月六日－一九九五年六月二十五日，享年九十二歲。沃爾頓「因為利用人工加速的原子粒子進行原子核嬗變的開創性工作」，與科克羅夫特（John Cockcroft）共同獲得一九五一年諾貝爾物理學獎，時年四十八歲。

沃爾頓出生在愛爾蘭的沃特福德郡地區。他的父親是一位牧師，在愛爾蘭衛理教會服務。母親是位負責任的家庭主婦，特別關心孩子的教育。在當時的社會裡，牧師雖然在社區受人尊重，但在經濟條件與物質生活上並不富裕。他是在父母親的關愛環境中成長。

小沃爾頓的父親對子女的要求非常嚴格，不許他們稍有越軌的行為。在子女當中，他的天資聰明，性格也最活潑，因此，特別為父親所喜愛。父親常常帶著小沃爾頓到社區一些公眾場合去見世面，以開闊他的視野，增長他的見識。母親是一位既有知識又有教養的賢妻良母。她對子女態度慈祥，疼愛小孩，但不嬌慣溺愛。特別是在學習和為人的道德修養上，她更是從嚴要求，一絲不苟。

沃爾頓在兒童時代，就讀於家鄉的一所社區小學。雖然他天資不錯，但是，在學校的成績卻沒有達到父母所期待的水準，令他們大失所望。在十二歲時，沃爾頓被送到珀爾法特一所教會學校讀書，希望他在新的學習環境裡會有所改善，可惜成績也同樣不好，並沒有隨著改換學校而改善。

沃爾頓的母親，在這種情況下仔細思考著：問題到底出在哪裡？她相信事出有因，便下決心要弄清楚原因所在。她思考著：

「小學階段是人一生打基礎的最重要的時期，這樣下去怎麼行呢？」

沃爾頓的母親因而非常的不安，經常為此事焦慮不已，苦思對策：

「孩子的學習成績為什麼會是這樣呢？應該怎麼辦？」

於是，在沃爾頓上學時，母親常常跟隨其後，從旁邊仔細觀察他的舉止行蹤。一段時間後，母親終於發現，沃爾頓學習成績之所以不好，並非因為天資愚笨，而是因為他結交了一些社區富家子弟，終日玩樂，在外遊蕩，根本沒有把心思放在學習上。

沃爾頓母親認為，要孩子在學習上有所轉變，必須給他換一個好的環境，脫離那些壞孩子的不良影響。同時，也要遠離那些負面的學習環境與障礙。為此，沃爾頓的母親不怕辛苦麻煩，連續兩次遷居，沃爾頓也因此隨之換了兩所學校，才念完初中。

在沃爾頓每次調換學校的就讀期間，為了使兒子能交上勤奮好學的朋友，而不再受到壞環境的影響，母親常常與他朝夕相伴，對他進行耐心的誘導教育。因為母親細緻而親切的關懷和隨時隨地的啟發輔導，終於使沃爾頓走上了正常的學習的軌道。

隨後，沃爾頓對學習產生了興趣，便肯花時間刻苦讀書與研究。此外，他還學會了正確處理交友、學習和遊樂之間的關係以及時間的妥善分配。結果，他的聰明才智獲得了正常的發揮，學習功課與成績普遍得到了提升，尤其在數理學科的進步更為明顯。

在十八歲時，沃爾頓以優異的成績高中畢業了，並且考上了瑟爾法士郡美以美會學院。那是一所以研究社會科學著稱的文科大學，許多長輩都為自己的子女能考上這所大學而感到自豪。但是，沃爾頓的母親卻認為，自己的兒子擅長於數理學科，適宜學習自然科學，未來的英國也更需要自然科學人才。因此，她對沃爾頓考上該學院，並不太滿意。

沃爾頓的母親誠懇與親切地與他溝通看法。沃爾頓感到母親的意見對他個人的前途和對社會的需要來說，都是很正確的。於是，在第二年沃爾頓再度報考，終於如願以償地考上了設在愛爾蘭首府都柏林的柏林大學三一學院，攻讀自然科學專業，他的母親感到非常欣慰和滿意。

在都柏林三一學院時，沃爾頓對自己有興趣和有特長的數理課程非常下功夫，拚命學習，同時也廣泛地吸取各方面的相關知識。每次考試，他都取得優異成績，很快就成為學校出類拔萃的學生，並獲得學校的獎學金。

沃爾頓在二十三歲那年，他大學畢業取得學士學位，次年又考上了劍橋大學，成了著名的卡文迪緒實驗室的研究人員，最終有機會成為「核物理之父」、諾貝爾獎獲得者盧瑟福的助手。在一代名師的指導下，使沃爾頓的知識和實驗技能獲得了更大的進步。

沃爾頓雖然沒有出身在顯赫與富裕的家庭背景，卻由於母親的愛與關懷，在耐心探究兒子成績不佳的原因：交上了壞朋友和不良的學習環境。於是，連續換了三次的學校，在經過與孩子懇談溝通之後，終於讓沃爾頓在適宜的環境學習。

沃爾頓一九二七年獲劍橋大學三一學院理學碩士學位；一九三〇年獲劍橋大學哲學博士學位。一九三二年，沃爾頓和科克羅夫特因為人工核嬗變的實驗成功，被公認為是科學史上的一個里程碑。沃爾頓與科克羅夫特共同獲得一九五一年諾貝爾物理學獎。

改變一生的關鍵夏令營

一九七五年諾貝爾生理學或醫學獎得主特明

霍華德・特明（Howard Martin Temin）美國人，一九三四年十二月十日—一九九四年二月九日）享年六十歲。他「因發現腫瘤病毒和細胞的遺傳物質之間的相互作用」在一九七五年與巴爾的摩（David Baltimore）以及杜爾貝科（Renato Dulbecco）共同獲得諾貝爾生理學或醫學獎，時年四十一歲。

特明的父母對孩子的教育和支持。特明父親是出生於俄國的猶太人，六歲移民美國，靠打工讀完大學，成為律師。從一個窮孩子成為一名律師的父親，深感教育和知識的重要，認為使孩子們接受良好的教育遠比為他們提供優裕的生活條件更重要。他不僅在子女的學校教育上費盡許多心思，而且注重孩子們的課外學習。

父親在年輕時打過工，掌握了多種工作和生活的技能，他把自己的技能傳給孩子們。特明在父親的影響下，從小就表現出極強的動手能力與技巧。當他在幼兒時，就在自家的後院用螺釘、螺母等組裝滑車，滑車成了他最好的玩具。上小學時，特明經常在自家屋頂的小閣樓裡做「實驗」，雖然這是一種孩子式的遊戲，卻也鍛煉了特明動手以及動腦的能力。他的這種動手製作習慣，一直保持到成年。在他自家地下室裡，各種木工用具一應俱全，甚至在結婚之後，連女兒的嬰兒床也是他自己做的。

在追尋這位生理學與醫學大師的成長足跡中，我們不難發現是一次參加「生物夏令營」為他打開了理想之門。世界上最早的生物夏令營大約是在一八八五年由美國人創辦的。當時，夏季一些傳染病極易在人口密集的都市裡流行。為了躲避傳染病，人們把抵抗力較弱的孩子送到遠離都市的海邊、山區去集中生活，由專人負責照顧。

後來，這種方式便發展成為現代的各種形式的「夏令營」。於是整合了教育與社會工作，把娛樂、教育、體育融為一體，成為組織孩子們學習、運動、回歸大自然的一種活動。隨著社會需求，逐漸擴大年齡層面，因而有現代化的兒童、少年以及青年等各式各樣不同主題訴求的夏令營。

上小學後不久，第一次參加名為「體驗農場」的夏令營。在野外，特明像一隻飛出鳥籠的小鳥，自由自在地在大自然的懷抱中盡情飛翔，他感到大自然是那樣的新奇、有趣和美麗。他實在是太喜歡這種活動了。從那以後，特明連續幾年都參加了這種以大自然為主題的夏令營，為他往後投入自然科學研究奠定了基礎。

一九四九年，《紐約時報》刊登了一則消息，說位於緬因州巴港的傑克遜研究室為中學生暑期準備了為期八週的夏令營，在夏令營裡將有「特殊的安排」。特明父母看到這則消息後馬上告訴兒子，讓他報名。十四歲的特明便隻身來到緬因州（美國東部與加拿大邊境）巴港的夏令營。

這個夏令營的「特殊安排」，實際上是美國著名生物醫學研究中心——傑克遜研究室專為培養有志於進入自然科學領域的優秀年輕人而設立的。這次夏令營的主題是生物學，以激發青少年對癌症研究的興趣。一批來自大學和研究機構的專家、學者給孩子們講課輔導。這批科學家十分認真地從事這項義務性工作，因為他們明白，這是為科學事業培養一批新生代。

在夏令營中，孩子們自己動手解剖兔子，參加一些在中學裡從未見過的實驗。在舉辦第一屆夏令營時，參加的孩子不足十人，但由於活動內容新奇有趣，後來幾屆人數越來越多。而特明則獲得了父母的大力支持，成為這個夏令營的常客。

特明連續三年參加傑克遜研究室的夏令營。這段經歷，激發了特明對生物科學的興趣，並且使小小年紀的他擁有了不少在研究室做實驗的實際經驗，而在活動中授課的研究員便是特明最早接觸到的科學家。夏令營培養了特明對生物科學的興趣，明確了他的人生目標。

中學畢業後，特明選擇了賓州的斯沃斯莫爾學院學習生物學。學習期間，特明探索研究生物學的欲望越來越強烈。由於成績優異，學院讓他參加了一個僅給予優秀學生的生物研究項目。一九五三年，他又參加費城癌症研究所組織的一系列科學實驗。一九五五年，特明以優異成績取得生物學學士學位。一九五九年獲加州理工學院哲學博士學位。

一九六四年在威斯康辛大學從事癌症研究與教學工作的特明，年僅三十歲，運用杜爾貝科理論，提出了著名的核酸「逆轉錄」假說：病毒能將其自身的核糖核酸（RNA）轉譯成脫氧核糖核酸（DNA）。該DNA再指導宿主細胞的代謝活動，使宿主細胞轉化為癌細胞。一九七〇年，特明三十六歲時，通過實驗在病毒中發現能夠使核酸產生逆轉錄現象的「逆轉錄酶」，它可以合成帶有RNA的遺傳資訊DNA。也正是因為這個發現，在一九七五年與巴爾的摩．杜爾貝科共同獲得諾貝爾生理學或醫學獎。

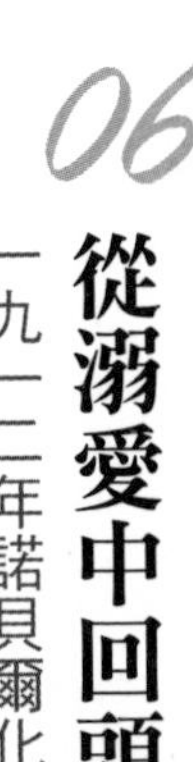

從溺愛中回頭的化學家

一九一二年諾貝爾化學獎得主格林尼亞

維克多．格林尼亞（Victor Grignard）法國人，一八七一年五月六日—一九三五年十二月十三日，享年六十四歲。格林尼亞因「發現格氏試劑以及對有機化學的貢獻」，獲得一九一二年諾貝爾化學獎，時年四十一歲。

格林尼亞成長在一個富裕的家庭，他父親是一位商人，在他家鄉瑟堡經營一家船舶製造廠。由於家庭環境優裕，父母又過分溺愛和嬌寵，使他根本不把學業放在心上，憑著祖上的家業，整天在瑟堡東遊西蕩，盛氣淩人。從童年開始的格林尼亞就是一個有名的放蕩子弟，沒有理想、沒有志氣，整天夢想長大後能成為王公顯貴。

小時候，格林尼亞跟小夥伴們一塊玩耍的時候，總喜歡稱王稱霸，有時候把同伴打得鼻青臉腫，但父母對孩子百般袒護，最多花些錢把人家打發過去。

「凡是讓我當頭的，我就給他糖吃！」

這是他的口頭禪。小夥伴們屈服於他的霸道，遇見了他都畢恭畢敬，任憑他擺佈。那時的格林尼亞，在人們眼裡是一個沒有出息的「小混混」。

進入青年時代的格林尼亞，英俊瀟灑、風度翩翩，但在父母的包庇縱容下，膽子愈來愈大，一味貪圖享樂，整天只知道和年輕美貌的女孩子談情說愛，簡直成了瑟堡有名的「花花公子」，生活越來越奢侈。當然，正直、勤奮的青少年絕不喜歡接近這位紈絝子弟。

有一天，瑟堡上層人士舉辦了一次盛大的午宴，赴宴者中有一位是在瑟堡第一次露面而且極其美麗的女孩子。格林尼亞一見傾心，不假思索地傲然走上前去邀她跳舞。不料，那位女孩子不僅婉言謝絕了他，而且還流露出不屑一顧的神態。這可是他有生以來第一次受到別人的藐視與冷落，他難堪極了，簡直怒不可遏。參加午宴的人也都非常吃驚地看著他。

隨後，當他打聽到這位女孩子是剛從巴黎來的波多麗女伯爵時，便覺察到了自己的冒失與不敬，因為她的美麗與賢淑譽滿法國，格林尼亞也早有所聞。他馬上走到波多麗小姐面前表示歉意。波多麗伯爵冷笑了一下說：

「算了，算了！」

「請站遠一點，」

「我最討厭被你這樣的花花公子擋住了視線！」

這難堪的一幕，使格林尼亞傷心至極，波多麗小姐的話語如同鋼針一般，深深地刺痛了他的心。其實，最傷心的是他的父母：兒子成了「最被討厭的人」，那麼，自己不就成了「最被討厭的人」的父母了嗎？況且，這人正是由於自己的溺愛而一手造成的。

格林尼亞的父母相對無言，徹夜未眠，就走到兒子房間。父母向兒子檢討了自己在教育問題上的失職，並教誨兒子，要他浪子回頭，重新審視自己的人生之路……。

與父母溝通之後，格林尼亞對自己的過去開始產生羞愧和後悔，經過多日沉思，他決心走向新生活：

「遠離是非環境，遠走高飛，潛心學業。」

離家出走時，他留下一封家信，悄悄來到了里昂。在路易．波韋爾老教授的幫助下，經過兩年的刻苦學習，格林尼亞終於把過去所耽誤的課程全部補完，於是進入里昂大學插班就讀。

在導師巴比爾教授的指導下，格林尼亞在里昂大學度過了整整六年學習生涯，終於獲得了成功，發明了以他的名字命名的格氏試劑，成為一位著名的化學家。一年後，里昂大學鑒於他的特殊成就，破格授予他科學博士學位。

格林尼亞在懺悔不已的父母親溝通與鼓勵下，能夠「浪子回頭」；再加上波多麗女伯爵的嚴厲訓斥與誠摯忠告，激勵了他不斷地在學業與專業研究上邁進。根據不完全統計，他一生所撰寫的科學論文多達六百篇，對人類作出了重大貢獻。一九一二年獲得了諾貝爾化學獎。

搖籃與推手——環境，機會與父母愛

給孩子留一些時間和空間

沃爾頓的母親為了兒子的成長，選擇了兒子最適當的教育環境，可以說是西方家庭的孟母案例，在孩子的成長過程中有各種的學習環境問題，毫不奇怪。父母與長輩不僅要善於發現孩子的問題，重要的是通過調查研究，發現問題產生的原因，這樣才能夠有效地採取措施，從而收到預期的效果。

沃爾頓母親發現兒子學習成績不好後，深感焦慮不安，但她不是簡單地責怪孩子的行為，或是感到茫然與自責，手足無措，甚至父母彼此怪罪對方。反而是虛心檢討，仔細觀察，尋找問題之所在。這種重視調查研究、是注重兒女教育父母的做法，值得學習。

當她仔細調查研究後，發現兒子之所以學習成績不好，不是天資不足，而主要因為結交了一批富家不學好的孩子，終日玩樂遊蕩，根本沒有把心放在學習上，於是決定變換兒子的學習環境，結果收效甚佳。

孩子的發展雖然內在因素的天資是主要的，但環境對其的巨大影響也不容忽視。

當孩子年幼、難以分辨是非，以及難以抗拒不良環境影響時，變換一下學習環境，是在無奈之中的積極舉措。但是，如果父母不從孩子本人以及自己身上尋找失誤原因，一味怪罪於客觀環境，那麼，再怎麼變換學習環境恐怕都無濟於事。沃爾頓母親正確地處理好兩者之間的關係，獲得了親子教育的成功。

孩子在國民教育階段，父母親與長輩們大都十分重視學校的辦學品質。如果學校教育品質不理想，則不惜一切代價換學校，甚至花大錢送進明星學校。父母親重視學校的學習環境氣氛對孩子的影響，這種心情完全能夠理解。即使如願以償地換學校，父母親也要更多地關注孩子自身的情況，關注學校以外的社會環境影響，不然，再好的學校也不能保證孩子一定能有效學習與健康成長。

現在一些名校裡有不少「富二代」與「官二代」，有些孩子在一起攀比名牌手機與服飾、父母職稱頭銜，生活在這樣環境裡的孩子，其思想道德所受的負面影響不可低估。在選擇學校時，對此應有足夠的重視，固然要看學習環境，看教學品質，但也要看其他方面的影響，一味追求學習成績高低而忽視其他方面的負面影響，有可能得不償失。

在敬佩與欣賞沃爾頓的偉大成就時，父親的富裕經濟條件能夠提供他優質的學習環境，母親的細心與耐心，在其成長歷程扮演了關鍵的「推手」角色，值得效法。

特明的成功案例，在於父親為造就兒子提供成功的機會。父親利用暑假時間安排兒子參加生物夏令營。特明在夏令營裡聆聽專家、學者講座，動手解剖，做各種實驗等，從而激發對生物學的興趣。夏令營把他引領上生物學研究之路，改變了他的一生，也把他在四十一歲時推上諾貝爾生理學或醫學獎的寶座。

特明父親深知課外活動對孩子各方面發展的重要，因而注重並放手讓孩子參加各種課外學習。孩子參加課外活動，從近期來說，未必一定能見到哪一方面比較有效果，但從長遠來看，它對孩子的發展和整體素質的提高是肯定的。特明的成長，印證了他父親「注重孩子課外學習」教育思想的正確。

「注重孩子課外學習」這句話，特別適用於孩子的有效學習。孩子在課堂內可以習得系統的基礎知識、基本技能，然而，課外學習有助於孩子拓展知識、發展特長、瞭解社會、健康身體、增進合作等，課外天地是他們展示自己健全個性的廣闊舞台。

對於當今的學生而言，由於各種原因，父母與長輩們往往比較重視孩子的課程學習，至於課外，幾乎所有假日、寒暑假都用於針對考試類補習。目前有名目繁多的「補習」：一種功利性很強的競賽選拔「集訓營」，大多數都不是孩子所喜歡的那種生活體驗。學校生活以外，孩子們個人可支配的時間和空間實在太少，這也是今日孩子們發展後勁不足的一個重要原因。

特明父親重視孩子課外學習的思想令人讚歎。若要孩子發展得更好，父母與長輩們要重視確實的「課外活動」，給孩子留一些時間和空間，多參加一些「生活即教育」的課外活動。

父母親的愛是一種無限力量，感化了花花公子格林尼亞，終於讓兒子重新出發，然後邁向成功。從溺愛中回頭的關鍵：父母親看見兒子在午宴上受到波多麗小姐的藐視與冷落，他們才體認到自己過去在家庭教育上的錯誤：溺愛導致兒子盛氣淩人、嬌慣放縱的品行。俗話說：「知恥近乎勇。」從此，夫婦倆對兒子教育的實際改善，並採取恰當的措施，終於能夠讓兒子審視自己的人生之路，努力學習，使格林尼亞有了根本轉變，在成長與成功之後，成為令人尊敬的科學家。

成功加油站——提供成就機會

早期成就者的成長與發展是有跡可尋的

美國史丹佛大學特爾門教授（Lewis Madison Terman）和研究團隊對於高智商兒童的智力與創造的相互關係，進行了長達五十多年的追蹤研究，並最終獲得了一九七六年全美心理學會的卓越科學參與及貢獻獎。一九二一—一九二三年間，他們根據史丹佛比納智力測驗（The Stanford Binet Intelligence Test）的結果，選拔智商一百三十分以上的小學三年級至初中二年級的男生八百五十七名，女生六百二十一名，在對他們的家長和教師進行採訪的基礎上，對這些兒童的身心特徵作了詳細的分析評價。

一九二五年，他所著作的《天才兒童的研究》（Studies of Genius）報告問世。一九四七年特爾門發表《優越兒童的成長》（The Gifted Child Grows up），這份研究報告證明，優越又較富於創造能力者，在身心發展、教育、文化、家庭、職業等方面，都表現出優越的發展狀況。

早期成就在某些領域更為明顯。例如，在文學藝術創作上，以泰戈爾為例，由於這種形象創造與激情的關係甚為密切，某些富有激情的少年便可捷足先登。在體育、音樂等動作性創造上，出於這類人的先天素質和稟賦的關係較為密切，某些兒童早期成就便較為明顯。在其他領域也有不少早期成就的事例。

歷史上人們傳頌的早期成就創造的事例非常多。人類行為科學研究指出，早期成就者的成長與發展是有跡可尋的，例如，莫扎特八歲譜寫一支交響曲；年僅二十五歲的哥德寫成《少年維特之煩惱》；莎士比亞二十七歲開始編劇，三十歲寫成名劇《羅密歐與朱麗葉》。在義大利科學家伽利略十九歲成名，德國科學家高斯十七歲成名以及台灣國中二年級學生邱顯鈞贏得「二〇一六年GBWC鋼彈模型製作家全球盃」青少年組全球冠軍等等為例，指出尋找個人成就機會的重要性，值得年輕人思考自我成就發展的可能性。

成長的故事——謝謝你，讓我找回了我自己！

善良與寬容，往往會有一種意想不到的力量

一個週末的早晨，芳蘭的禮品店也很早就開門營業。她靜靜地坐在櫃台後邊，欣賞著禮品店裡各式各樣的禮品和鮮花。

忽然，禮品店的門被推開了，走進來一位年輕人。他的臉色顯得很陰沉，眼睛瀏覽著禮品店裡的禮品和鮮花，最終將視線固定在一個精緻的水晶烏龜上面。

「先生，請問您想買這件禮品嗎？」

芳蘭親切地問。可是，年輕人的眼光依舊很冰冷。

「這件禮品多少錢？」

年輕人問了一句。

「五千元」。

芳蘭回答道。

年輕人聽芳蘭說完後，伸手掏出五千元錢放在桌上。

芳蘭很奇怪，自從禮品店開業以來，她還從沒遇到過這樣豪爽、慷慨的顧客呢！

「先生，您想將這個禮品送給誰呢？」

芳蘭試探地問了一句。

「送給我的新娘，我們明天就要結婚了」。

年輕人依舊面色冰冷地回答著。

芳蘭心裡愣住了一下：什麼，要送一隻烏龜給自己新娘，那豈不是給他們的婚姻裝上了一顆定時炸彈？

芳蘭想了一會，對年輕人說：

「先生，這件禮品一定要好好包裝一下，才會給你的新娘帶來驚喜，可是今天這裡沒有喜事用的包裝盒了，請你明天一早再來拿，好嗎？我一定會利用今天晚上為您趕製一個新的、漂亮的禮品盒……」

「謝謝妳！」

年輕人說完轉身走了。

第二天清晨，年輕人很早就來到了禮品店，取走了芳蘭為他趕製的精緻的禮品盒。這位年輕人匆匆地來到了結婚禮堂——新郎不是他，而是另外一個年輕人！年輕人快步跑到新娘跟前，雙手將精緻的禮品盒捧給新娘。而後，轉身迅速地跑回了自己的家中，焦急地等待著新娘憤怒與責怪的電話。在等待中，他的淚水流了下來，有些後悔自己不該這樣做。

傍晚，婚禮剛剛結束的新娘便給他打來了電話：

「謝謝你，謝謝你送我這樣好的禮物，謝謝。你終於能明白一切了，能原諒我了……。」

電話的另一邊，新娘高興而感激地說著。年輕人萬分疑惑，什麼也沒說，便掛斷了電話。隨後，他似乎又明白了什麼，迅速地跑到芳蘭的禮品店。推開門，他驚奇地發現，在禮品店的櫥窗裡依舊靜靜地躺著那隻精緻的水晶烏龜！

一切都已經明白了，年輕人靜靜地望著眼前的芳蘭，而芳蘭依舊靜靜地坐在櫃台後邊，對著年輕人輕輕地微笑了一下。年輕人冰冷的面孔終於在這瞬間化為感激與尊敬：

「謝謝您，謝謝您，讓我又找回了我自己！」

芳蘭只是將水晶烏龜這樣一件無禮的禮品換成了一對代表幸福和快樂的鴛鴦，竟然改變了一個年輕人冰冷的內心世界，幫助他找回失落的自我，帶給一個人重新獲取新生的勇氣，去尋找人生中的另一個幸福時刻。心地善良與寬容體諒，往往會有一種意想不到的力量。這印證了教育名言：「年齡遞增並不能證明一個人在成長，唯一擁有自我的人才能夠邁向成熟！」

（本文摘自《快樂生活》〔Happy life〕）

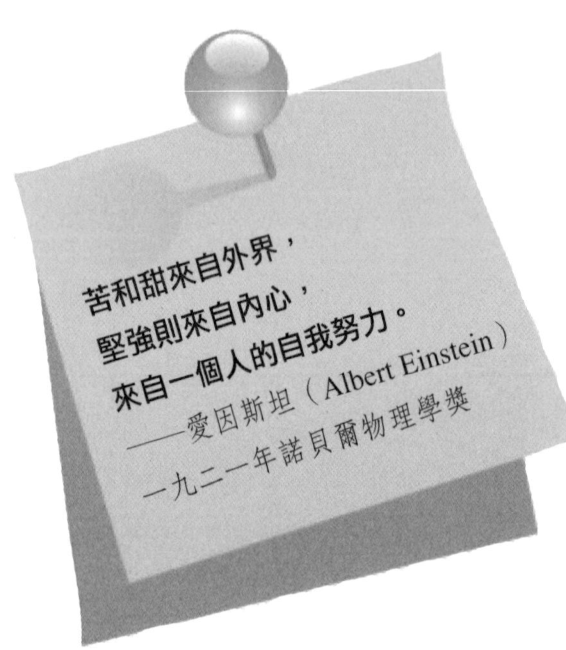
苦和甜來自外界，
堅強則來自內心，
來自一個人的自我努力。
——愛因斯坦（Albert Einstein）
一九二一年諾貝爾物理學獎

第三章

不是貴重禮物，給孩子釣竿

——法國的比埃爾・居禮、法國的多塞和德國的愛因斯坦

搖籃與推手——潛能，彈性與發掘潛力
成功加油站——讓目標超越自我
成長的故事——媽媽的同理心

人人都擁有驚人的潛力，
要相信你自己的力量與青春，
不斷告訴自己：
萬事都有賴於我。
——紀德（Andre Gide）一九四七年諾貝爾文學獎

07 開發潛能的自由教育

一九〇三年諾貝爾物理學獎得主居禮

比埃爾．居禮（Pierre Curie）法國人，一八五九年五月十五日生於法國巴黎，一九〇六年四月十九日在巴黎車禍去世，享年四十七歲。一九〇三年他與妻子瑪麗．居禮（Marie Curie）「他們對亨利．貝克勒教授所發現的放射性現象的共同研究」，夫妻二人獲得了諾貝爾物理學獎。

居禮出生於巴黎植物園附近一個醫生世家。他的祖父和父親都是醫生，他是次子，哥哥比他大三歲，叫雅克．居禮，後來也成為物理學家、大學教授。由於父親除了行醫濟世，對科學實驗也有興趣，因此影響兩兄弟以後的科學研究發展，特別為小居禮未來的成功提供了優質的環境。

居禮和他的哥哥一樣，都特別聰明，喜歡獨立思考，愛好自然，又富有想像力。由於居禮的父親是一位天生的科學愛好者，卻迫於生活與父親的影響而行醫，但仍然醉心於研究科學。他也是理想主義者，並熱心於自由教育，反對肉體上和精神上任何形式的限制。在這個前提下，父親是小居禮未來成就的重要推手。

父親認為，小居禮喜歡獨立思考，凡事都要自己深思熟慮一番的性格，不適宜到學校去接受常規教育和訓練，不然的話，就會影響智力的發展。所以，他不送小居禮和他哥哥上小學，也不送他們去上中學，決心要對孩子們實行自由教育，讓孩子們在自由的環境中成長。為此，他讓孩子們在家裡先由父母親進行啟蒙教育，精心培養孩子的獨立性格，然後再把他們委託給一位學識淵博的家庭教師去教導。

由於小居禮智力非凡，絕佳的記憶力和豐富的想像力，常常使父親感到為難，因為父親安排的學習計劃和課程要求，根本無法使他感到滿足。父親教孩子數學，進度很快，但他一學就會，也沒有使他感到困難。孩子的超優異表現，雖然時常讓父親原有的教育規劃難以配合，然而卻使父親感到高興與欣慰。他對兒子的學習發展與未來的成就更加充滿了信心。

為了培養兒子，除了安排的學習計劃以外，父親還鼓勵兒子學習歷史和文學，也讓他們常常到鄉村去郊遊，以擴大知識面和培養他們對事物的觀察力。父親總是認為：科學上的研究與成就必須建立在具有正確歷史觀念與人文素養基礎上，再配合個人堅強意志與觀察力，以後才能夠對社會發展提供偉大的貢獻，這是父親從歷史上學習到的教訓。

小居禮的父親除了行醫外，也進行一些科學研究，經常作實驗。他總是讓孩子看他如何做實驗，使孩子們很早就養成了對研究的愛好。父親認為，數學是學習各種自然科學的基礎，而這個基礎是發展任何科學研究的必要工具，在父親的這項觀念與堅持下，小居禮的學習環境與教育規劃按部就班的進行。

在居禮十四歲時，又讓他跟一位數學教授學習，以提高他的數學才能。居禮十五歲時，父親便讓他到哥哥雅克·居禮那裡，通過幫助哥哥整理物理講義，當哥哥的實驗助手，讓他儘早熟悉實驗室的生活和工作。哥哥雅克·居禮當時十八歲，但已經在一所醫藥學校擔任助教。

父親採用的自由教育方法，在居禮兄弟身上都產生了很好的效果，為他們日後的發展和成就打下了堅實的基礎。在哥哥那裡當助手期間，居禮十六歲便獲得了科學學士學位。他與哥哥合作研究晶體物理，十八歲時便與哥哥一起發現了晶體的壓電效應。還利用壓電效應設計了一種壓電石英靜電計——「居禮計」。這種儀器能把分量極微的電量精確地測量出來，並成為當代石英控制計時和無線電發報機的先驅。

十八歲這一年，居禮取得了碩士學位。十九歲時，居禮被任命為巴黎大學理學院助教。二十三歲的他被任命為新成立的巴黎市理化學校物理實驗室主任。他哥哥雅克·居禮也於翌年被任命為蒙彼利埃大學教授。從此，兄弟倆才分手，各自開闢自己的研究天地。

居禮結婚以後，又與妻子瑪麗．居禮（第十四案例）一起發現了放射性元素釙和鐳，成了原子時代的先驅者，一九〇三年夫妻二人獲得了諾貝爾物理學獎。

一九〇六年四月十九日，不幸的事情發生了。在巴黎塞納河附近的那條王妃大街上，居禮邊走路邊思考問題，沒有注意左右兩邊的車輛，就匆匆地穿過馬路。突然一輛載重物的大馬車向他奔來，他被馬撞了一下，跌倒在地，載重三千公斤的馬車左輪從他的頭上碾過，去世時年僅四十七歲。

親子教育的彈性策略

一九八〇年諾貝爾生理學或醫學獎得主多塞

讓．多塞（Jean Dausset）法國人，一九一六年十月十九日生於法國的圖盧茲。多塞「因為闡明控制免疫反應的細胞表面的遺傳決定結構」，與貝納塞拉夫（Baruj Benacerraf）以及斯內爾（George Snell）共同獲得一九八〇年諾貝爾生理學或醫學獎，時年六十四歲。

多塞的父親是一名出色的醫生，有自己的醫院，在同行和社會上頗有威望。把職業當作自己生命的父親，當然希望兒子能夠繼承自己的事業，但是，小多塞和他的三個哥哥都不喜歡從醫。三個哥哥先後都避開了，父親最後的希望便落到了小兒子多塞的身上，他以不容置疑的口氣命令小多塞中學畢業後報考醫學院。

然而，多塞對醫學不僅沒有興趣，甚至有點討厭。小時候，他的臥室窗戶正對著一所醫院，經常看到醫院門口哭哭啼啼的送葬隊伍。他當時的理想首先是希望成為建築工程師，其次是飛機、汽車和火車的設計師。父親多次誘導他，當醫生是如何的高尚，有穩定的收入、受人尊敬等等，多塞就是不聽。他不願意接受父親給他安排的人生道路，而是要根據自己的興趣選擇職業。在嚴厲的父親面前，他始終沒有點過一下頭。

小多塞的父親顯然不會輕易地放棄自己的想法。有一天，一群醫學院的畢業生要來他的醫院實習，於是他便吩咐醫院的住院醫生帶領多塞與實習生一起觀摩外科手術，他希望兒子透過這類活動喜愛上醫學。多塞很不情願地穿起白醫袍，戴上口罩，離手術台遠遠地站著。好心的父親為了關照多塞，把他拉到了手術台的近處。當手術醫生用刀切開病人的腹部、那鮮紅的內臟展現在人眼前時，多塞竟然一下子暈了過去。

那幫醫學院大學生知道內情，不禁在那裡竊竊私語，暗自偷笑。這使得父親大失所望，自尊心受到極大的傷害。等到兒子醒過來後，這位當過軍人的父親立刻給了兒子兩個耳光。多塞在經歷這個事件後，不僅對醫學更是反感，與父親的感情也疏遠了。多塞的父親沒有放棄自己的信念，因為他相信熱愛科學的兒子終有一天會醒悟的，但必須循循善誘，居高臨下的嚴厲訓斥是無濟於事的。

於是，多塞的父親想到他的助手，年輕的埃迪。這是一位友善、風趣的年輕人，熱愛醫學，也喜歡探險旅遊。多塞十分熱愛大自然，與埃迪的關係很好。何不採取彈性的教育策略，經由埃迪慢慢感化兒子，實現自己的心願。於是，他讓埃迪帶著兒子去野外長途旅行，試著開啟他，讓多塞對醫學發生興趣。

暑假來臨了，埃迪帶著多塞踏上了旅途。他們倆划著一條小船，沿著盧瓦爾河漂流。盧瓦爾河是法國最大的河流之一，它發源於法國東南部鄰近地中海的塞高山脈，湍急的河水在山巒間往下流竄，向北流經中央高原後，變得寬闊舒展，再由東向西穿越法國中部平原，流入大西洋。沿途，埃迪和多塞餐風露宿，歷盡困苦，也欣賞了大自然的美麗風光。在那些露宿的夜晚，埃迪給多塞講了不少旅遊探險的故事，還介紹了很多有趣的醫學和生理知識，講述了許多醫學、醫藥科學家們探索人體奧祕獲得重大發現後對人類健康帶來的極大貢獻。

埃迪比多塞大不了幾歲，像一個大哥哥那樣，對多塞的教育並沒有像父親那樣強勢，而是以同輩人的身分與之交流，他們之間沒有「代溝」。埃迪的話語在多塞聽來是那樣地入耳，他漸漸地領悟了醫學對於人類的偉大作用，對父親的工作也有了更深的理解。後來，多塞在報考巴黎大學醫學院時說：

「正是那次旅遊，使我下定決心當醫生。」

多塞如願地考上了巴黎大學醫學院。中學時成績平平的多塞在醫學院讀書時，成績卻直線上升，這與他的志趣相投是十分重要的因果關係。多塞在醫學院讀書期間，父親在一次交通事故中喪生。這時，多塞更體會到父親那嚴厲的外表下一顆愛子之心。他把父親當成自己的榜樣，立志在醫學科學領域裡做出成績，以告慰父親。

一九四三年多塞獲巴黎大學醫學博士學位。多塞「因為闡明控制免疫反應的細胞表面的遺傳決定結構」，與貝納塞拉夫、斯內爾共同獲得一九八〇年諾貝爾生理學或醫學獎。

善於發掘潛力的父母

一九二一年諾貝爾物理學獎得主愛因斯坦

阿爾伯特．愛因斯坦（Albert Einstein）德國人，（一八七九—一九五五），享年七十六歲。由於他「對理論物理學的成就，特別是光電效應定律的發現」獲得一九二一年諾貝爾物理學獎。

愛因斯坦的一生成就，世人有目共睹，然而他的成長過程也值得有心的父母加以探究。由於父母始終不曾放棄這個據說是「生性遲鈍」的孩子，並對他強烈的好奇心提供最佳環境，在他成長的道路上提供最適當的助力。

一八七九年三月十四日在德國烏耳姆一個經營電器工廠的家庭。一對年輕父母看著剛剛出生小愛因斯坦可愛的模樣，他們對他寄予厚望。然而，沒多久，父母就開始失望了，別人家的孩子都開始學說話了，已經三歲的愛因斯坦才牙牙學語。比他小兩歲的妹妹都已經能和人交談了，愛因斯坦說起話來卻還是支支唔唔，前言不接後語，醫生也認為他是一位發展遲緩的孩子。

父母經過仔細觀察，發現愛因斯坦雖然被醫生認為是一個發展遲緩的孩子，不過，與一般孩子的不同之處在於，他對一切充滿了好奇，興趣廣泛，一般人反應平淡的事情他卻覺得興趣盎然。他很喜歡思考，對許多事情總愛追根究底。

在愛因斯坦四歲時，他就對父親送給他的指南針引起強烈的好奇，開始反覆玩弄與探究不已，他的表現給父母留下了深刻印象。因此，父母並未因小愛因斯坦種種令人擔憂的表現而冷落他，反而給予他更多關心和愛護，儘可能地在他的興趣範圍內對他進行啟發和幫助。

幼年的愛因斯坦經常向父母提出一些被常人認定的「笨問題」，例如，人們習以為常的自然現象提出疑問。

「風和雨、雪從哪裡來的？」

「月亮為什麼不會從天上掉下來？」

「太陽怎麼不從西邊升起呢？」

諸如此類千奇百怪的問題，問個不停，但是，父母總能不厭其煩地盡力回答。廣泛的興趣和強烈的求知欲望，再加上父母正確及時的啟發誘導，愛因斯坦對科學產生了強烈的愛好。在外人的譏諷和藐視中，愛因斯坦慢慢長大了，進入了慕尼黑的中學就讀。在中學裡，他愛上了數學課，並開始在書籍中尋找寄託與精神的力量，因此在書中結識了阿基米德、牛頓、笛卡爾、歌德、莫札特等等名人的作品。在書籍中的知識為他開拓了一個更廣闊的空間。視野開闊了，愛因斯坦頭腦裡思考的問題也更多了，逐步開始走向科學研究的成就之路。

回顧愛因斯坦的一生成長與成就，有許多值得現代父母學習。幼年時的愛因斯坦因任職工程師的叔父等人的影響，產生研究科學和哲學的興趣。父母親因為厭惡當時德國學校的封閉式教育，一八九四年遷居義大利米蘭，十六歲就自學學會微積分。也許跟家庭背景有關，愛因斯坦最喜歡的是電磁學。

一八九六年愛因斯坦進入瑞士蘇黎世聯邦工業大學，在學習過程中，他開始從事創新活動，但由於他愛好自由的性格和獨立思考的習慣，不為教授們所支持。大學畢業後，花了長達兩年的時間才找到固定工作。一九〇一年取得瑞士國籍。一九〇二年被伯爾尼瑞士專利局錄用為技術員，從事發明專利申請的技術鑑定工作。

在專利局任技術員期間，愛因斯坦利用業餘時間展開科學研究，一九〇五年在物理學三個不同領域有了歷史性的突破，特別是狹義相對論的建立和光量子論的提出，推動了物理學理論的革命。同年，以論文《分子大小的新測定法》取得蘇黎世大學的博士學位。一九一五年愛因斯坦發表了廣義相對論。

愛因斯坦「光線經過太陽引力場要彎曲」的預言，於一九一九年由英國天文學家亞瑟．斯坦利．愛丁頓的日全蝕觀測結果所證實，愛因斯坦和相對論成了家喻戶曉的名詞，卻招來德國和其同盟國家，以及排猶主義者的惡毒攻擊。一九三九年他獲悉鈾核裂變及其鏈式反應的發現，在匈牙利物理學家里奧．西拉德的幫助下，上書美國羅斯福總統，建議研製原子彈，以防德國領先；但他對於美國在日本廣島和長崎上空投擲原子彈表達強烈不滿。

二戰後，愛因斯坦努力不懈地投入反核戰爭的和平運動。晚年他在美國普林斯頓大學任教。一九五五年四月十八日他因主動脈瘤破裂，逝世於普林斯頓。遵照他的遺囑，不舉行任何喪禮、不設墳墓、不立紀念碑，將骨灰撒在不為人知的祕密地方。

愛因斯坦的父母親他們在愛因斯坦的成長過程中影響極大，讓這位當年被校長認為「做什麼都不會有作為」的笨學生，變成現代物理學的創始人和奠基者，也是現代最傑出的物理學家。為表彰其在理論物理學上的研究，特別是發現了光電效應的定律，愛因斯坦於一九二一年獲頒諾貝爾物理學獎。

搖籃與推手——潛能，彈性與發掘潛力

只有剛柔相濟，才能相得益彰

比埃爾．居禮在當醫生、醉心科學研究以及理想主義者父親的自由教育影響下，開發潛能，然後邁向物理學家成功之路。居禮的父親確信：「自由教育」的核心是堅持以孩子發展為本，遵循孩子身心發展的規律，父母親當從自己孩子的實際情況出發，給予必要而恰當的指導，培養孩子的興趣，開發孩子的潛能，發展孩子健全的個性，從而引導孩子走向成功。

居禮父親的「自由教育」理念，並不是「放任」教育，而是針對孩子個性特點、開發孩子的興趣與潛能、促進其智慧的個別化教育。小居禮具有物理天賦，父親在他學習數理知識同時，還鼓勵兒子學習歷史和文學，這正是他父親「自由教育」的關鍵——文學與理科本是相通與互補的。歷史、文學與藝術等文科知識對培養孩子的想象能力、形象思維和語言表達能力等等是必要的課題。而父親鼓勵居禮到鄉村去郊遊，當哥哥的實驗助手，對培養觀察能力、動手能力和團隊合作能力十分有益。知識面的擴大，想像能力、觀察能力和動手能力的提高，為居禮日後的科學成就奠定了堅

實的基礎。

過去歷史經驗證明，有兩類家庭的孩子容易得到比較好的發展，教育獲得成功：

第一類，父母有較高的文化素養，充分瞭解孩子的個性，並懂得按教育規律進行指導的家庭，如居禮的父親；

第二類，父母雖然文化程度不高，缺乏對孩子學習的指導能力，但為人樸實、勤勉、善良，堪為孩子的道德榜樣，例如，案例二十三的崔琦〈成長好推手的農村母親〉。只要孩子正當的學習或其他活動，從不干預，若遇上一位好老師，其個性會得到充分發展。

從某種意義上說，這兩類家庭實行的都是「自由教育」。但有些父母自以為具有高等教育學歷，具有對孩子學科學習的指導能力，況且孩子的情況自己都經歷過，他們不是從孩子的實際需要出發，或者以其他好成績孩子作為參照對象，甚至一定要孩子按自己的意志行事，完成自己的夙願。這樣的教育方式少有成功的。

孩子猶如盆景，父母就像似花匠。有的花匠在樹苗成長過程中順勢而為修剪，讓花顯示其奇特的自然美，最終成為盆景中的精品。居禮父親就是這樣一位花匠。可惜，有的花匠在樹苗成長過程中，硬是用鐵絲把樹苗綁成自己喜歡的造型，樹苗或因受傷而枯萎，或因人為扭曲而變得不倫不類。由於居禮父親是一位偉大的花匠，才能夠培養出如此傑出的科學家。

當父母親的正確期望與孩子的個人興趣衝突時，親子的彈性教育能夠發揮有效的作用。讓．多塞的成功案例值得參考。多塞父親是一名出色的醫生，把醫學當作自己的生命，希望兒子能繼承自己的事業。子承父業，在名門世家屢見不鮮，這也是許多當今有成就父母的願望。但是，小多塞就是不喜歡從醫。為此，他父親曾好言相勸，也使用過高壓手段，甚至打兒子的耳光。可是，這些做法不但毫無效果，而且適得其反。此後，多塞不僅對醫學更加反感，與父親的感情也若即若離。

多塞父親經歷了多次失敗後，終於認識到，嚴厲訓斥、家庭暴力均無濟於事，只得改變教育策略，才是解決問題的根本方式。最後，只得採取彈性教育策略，藉由自己助手埃迪的同儕影響，終於使兒子走上醫學研究之路。

親子教育既是一門科學，又是一門藝術，需要講究教育方法與策略。有時，父母的教育理念、目標都正確，但教育方法不當，策略不對，還是達不到預期的教育效果。多塞父親的教育彈性策略便是一例。

父母與子女的關係是一種領導與被領導的垂直關係，兄弟姊妹之間既是平輩又有大小之分，所以他們之間的關係是一種斜向關係，它是走向社會、走向成熟、學會處理人際關係十分重要的一步，然而獨生子女家庭缺的就是這種關係。同學與朋友之間是一種平等的橫向關係，比較容易溝通，更容易彼此影響。

垂直關係的教育比較多的是剛性，帶有強制性，其特點是簡單、迅速、收效快。凡涉及遵守法紀、危及生命安全等重大問題時，容不得含糊，必須採取此類教育方式。但剛性教育是一把雙刃劍，如果用於思想方法、心理疏導、興趣指導等，則容易傷害孩子的情感，產生諸多副作用。

再者，橫向教育是基於相互平等、相互尊重的柔性教育，其特點是以情動人，以理服人，花費的時間、精力較多，收效雖慢，若一旦被融化，就會產生巨大的持久效果。父母有時轉變角色，以一個「大朋友」的身分出現在孩子面前，恐怕更能打動孩子，從而收到良好的教育效果。

剛性教育與柔性教育，各有所長，只有剛柔相濟，才能相得益彰。當父母在孩子難以接受自己的教育時，巧妙地藉助他人幫助，如同多塞父親那樣的彈性教育，不失為一種有效的教育策略。

由於父母親「發掘孩子潛力」的教育理念，終於成就了一位偉大科學家愛因斯坦。愛因斯坦的父親為人樂觀而善良，有卓越的數學才能；母親溫文爾雅又賢慧，頗有音樂天賦。愛因斯坦的成功關鍵，不在於從父母那裡遺傳了天才的基因，相反地，從小時候的表現看來，小愛因斯坦似乎更像一個發育遲緩的「弱智兒」。但是他的父母並沒有因此而放棄他，反而以敏銳的眼光發現孩子的特殊之處，並加以鼓勵、引導和發揮，最終幫助他取得了輝煌的成就。

由此可知，明智的父母在面對孩子長相不夠可愛、性格較內向、嘴巴不甜，或者其他一些小毛病時，千萬不要有負面態度，對孩子失去信心而歧視他。一方面，這樣就不能成為盡職的父母，另一方面，讓這個世界埋沒了另一位類似小愛因斯坦的偉大貢獻者。

成功之後的愛因斯坦，回顧善於耐心發掘他潛力的父母親，曾留下了一句讓後人念念不忘的名言：「科學研究好像鑽木板，有人喜歡鑽薄的，我卻喜歡鑽厚的。」

成功加油站——讓目標超越自我

目標會引導孩子的一切想法，而想法便決定了他的人生

孩子將來會有什麼成就？長大後會成為什麼樣的人？就在於父母親幫助他們先做什麼樣的夢。先有夢，才會有成就，才會發揮潛能。對此，成功學家安東尼·羅賓在〈喚醒內在巨人〉講過一個故事：

有個出生於舊金山貧民區名叫奧倫索的小男孩，從小因為營養不良而患有輕微軟骨症，在六歲時雙腿變形，而小腿也有些萎縮，走起路來不大方便。然而在他幼小心靈中一直藏著一個除了他自己知道，沒有人相信會實現的夢，這個夢就是有一天他要成為美式橄欖球的全能球員。他是橄欖球傳奇人物吉姆·布朗的球迷，每當吉姆所屬的克里蘭布朗斯隊和舊金山西九人隊在舊金山比賽時，這個男孩會不顧雙腿的不便，一跛一跛地到球場去為心中的偶像加油。

可惜，由於他買不起門票，所以只有等到全球比賽快結束時，從工作人員打開的大門溜進去，欣賞剩下的最後幾分鐘比賽。十三歲時，有一次奧倫索在布朗斯隊和西九人隊比賽之後，終於有機會在一家冰淇淋店裡和他心目中的偶像面對面接觸了，那

是他多年來所期望的一刻。他大大方方地走到這位大明星的跟前，大聲說道：

「布朗先生，我是你最忠實的球迷！」

吉姆．布朗和氣地向他說了聲：

「謝謝」。

這個小男孩接著又說道：

「布朗先生，你曉得一件事嗎？」

吉姆轉過頭來問道：

「小朋友，請問是什麼事呢？

男孩一副自豪的神態說道：

「我記得你所創下的每一項紀錄！」

吉姆．布朗十分開心地笑了，然後說道：

「真不簡單。」

這時小男孩挺了挺胸膛，眼睛閃爍著光芒，充滿自信地說道：

「布朗先生，有一天我要打破你所創下的每一項紀錄。」

聽完小男孩的話，這位美式橄欖球明星微笑地對他說道：

「好大的口氣，孩子，你叫什麼名字？」

小男孩得意地笑了，說：

「奧倫索，先生，我的名字叫奧倫索．辛普森，大家都叫我ＯＪ。」

奧倫索．辛普森（Orense Simpson）日後的確如他少年時所言，在美式橄欖球場上打破了吉姆．布朗所寫下的所有紀錄，同時更創下一些新的紀錄。

為何目標能激發出令人難以置信的潛力，改寫一個人的命運？又何以目標能夠使一個行走不便的人成為傳奇人物？案例五〈改變一生的關鍵夏令營〉裡的特明，就是一個很好的例子。

要想把看不見的夢想變成看得見的事實，首先要做的事情便是幫助孩子制訂目標，這是人生中一切成功的基礎。目標會引導孩子的一切想法，而想法便決定了他的人生。而設定目標有一個重要的原則，那就是它要有足夠的難度，雖然看其起來似乎不容易實現，可是它又要對孩子有足夠的吸引力，願意全心全力去完成。當孩子們有了令人心動的目標，若再加上幫助他們能夠達成的信念，那麼就可說是成功了一半。

一切目標的制訂，除了計劃之外還需要行動，它制訂的過程跟用眼睛看東西的過程有很多雷同之處。當孩子的目光越是接近要看的目標，就越會注意地看，不僅是目標本身，且包括它周圍的其它的東西。也就是：讓目標超越自我。

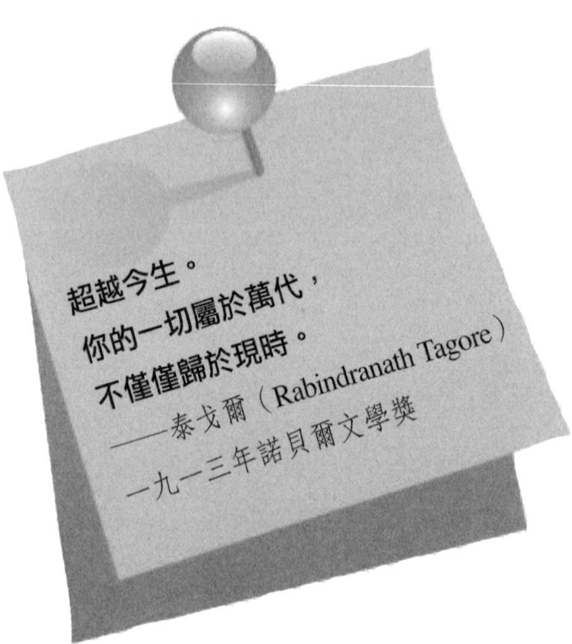
超越今生。
你的一切屬於萬代，
不僅僅歸於現時。
——泰戈爾（Rabindranath Tagore）
一九一三年諾貝爾文學獎

成長的故事——媽媽的同理心

只是用同理心，對待別人的小孩而已

放學後要去買點心，錢不夠怎麼辦？超商女店長幫小學生解危。沙鹿國小一名男童下課後，帶二十元到某家超商買二十五元的熱狗，店員收二十元，開立二十五元發票，將熱狗給男童。男童母親獲悉擔心店員貼錢，就帶兒子去超商還錢，才知道原來是店長有交代：

「孩子如果錢不夠沒關係，一樣給他們買。」

網友盛讚女店長超有愛心。

林姓家長在臉書社團發文，她說：

「原本只給了孩子二十元買點心，但兒子在便利超商買的熱狗卻要二十五元。」

追問之下，小孩表示：

「超商的哥哥（店員）只算我二十元。」

家長看了發票確實是二十五元，吃完晚餐便帶著小孩前往超商還錢。

到了超商，家長還了五元並當面道謝。店員解釋：

「店長有交代，孩子如果錢不夠沒關係，一樣給他們買。」

媽媽聽了心想「可能是店長自己貼錢，讓學童免於挨餓。」特別在社群網站貼文，感謝女店長的愛心。

網友看到文章，紛紛稱讚女店長超有愛心，短短六小時按讚數破萬。這位被網友譽為佛心店長的楊小姐，在超商服務超過十年，她說，「常遇到小朋友帶不夠錢、餓肚子，自己也是二個孩子的媽，才特別交代店員不要跟孩子計較小錢。」

楊小姐表示，晚上結帳時如果有短缺，就由她統一墊付。她自己也有孩子，只是用同理心，對待別人的小孩而已，沒有什麼。

（本文摘自《中時電子報》二〇一六年一月七日）

生命因為付出愛
而更為富足。
——泰戈爾（Rabindranath Tagore）
一九一三年諾貝爾文學獎

第四章

為孩子一生夢想與需要啟蒙

——非裔英國人路易斯、英國的巴頓和台灣的李遠哲

搖籃與推手——支持，成就與尊重選擇

成功加油站——做生命中的自我

成長的故事——給兒子聖誕禮物

時刻盯著比你的能力還高的目標。
不要在意你是否比你的同代人或你的前輩優秀。
試著做得比你自己好。
——福克納（William Faulkner）一九四九年諾貝爾文學獎

10 母親無條件的支持

一九七九年諾貝爾經濟學獎得主路易斯

阿瑟．路易斯（Arthur Lewis）非洲裔英國人，一九一五—一九九一享年七十六歲。尊稱阿瑟．路易斯爵士（Sir Arthur Lewis）。由於他在經濟成長理論方面做出的突出貢獻，深入研究發展中國家在發展經濟中應特別考慮的問題，獲得了一九七九年諾貝爾經濟學獎。

路易斯出生於英國的一個普通黑人公務員家庭。有五個孩子的家庭，排行第四。雖然在經濟生活上可以溫飽，在階級分明的英國社會裡，有色人種難免受到不平等的待遇。在這種環境背景長大的孩子，路易斯曾經指出，它會發生三種發展傾向：

第一，隨波逐流。大部分的貧民區家庭，由於在社會與經濟上屬於弱勢者，父母關係比較不容易穩定，導致分居或離婚，孩子也容易被標籤化。在這種環境長大的孩子，絕大部分會「認命」，甚至自我放逐，成為社會的問題人物。

第二，苦中作樂。有一部份比較幸運者，在長大之後能夠混一口飯吃，就心滿意足。由於在求學與工作上處處受到歧視的痛苦經驗，就只得接受現實環境，盡量學習適應它，滿足於現實狀況。

第三，僅有絕對少數者，如路易斯能夠在母親的鼓勵與支持下，力爭上游。因此，他的個人成長與成功歷程，值得學習，特別是這位在失去家庭經濟支柱與分擔子女教養之後，扶養五位孩子的寡母，值得敬佩。

路易斯的父親在成為一名政府公務員之前是一名牧師，他是在一個充滿宗教氣氛的家庭背景長大，這對他的人格發展必然受到一定程度的正面影響。在六歲小學一年級那年，路易斯因病被迫輟學三個月在家修養，由於父親有足夠能力，就由他親自輔導路易斯的學業。在這短短的三個月中，他的父親一直鼓勵和安慰他，並親自教他學習課本上的知識。在這段期間，路易斯學到的東西，比一般同學在學校兩年裡學到的要多。

在病體康復的路易斯，就因為父親的課業輔導，回到學校就連跳兩級，這要歸功於這段期間的親子教育。可惜的是，在路易斯七歲的時候，父親就去世了。他的母親竭盡全力地獨自撫養五個孩子。在十四歲時，路易斯就已經修完了康橋學院文憑要求所有的課程，這在當時是很了不起的成就，路易斯的確做到了。此事不但讓寡母分享喜悅，更讓社區以他的成就為榮。

路易斯從小就非常懂事，即使面對家庭變故，他仍然堅持學習，從來不輕言放棄。而他的母親不管生活條件多艱難，都全心全意與全力支持這個熱愛學習的孩子。路易斯知道家中的經濟情況不佳，所以不斷在課餘去打一些零工，賺錢補貼家用。此外，他在學習上加倍努力，獲得了獎學金，得以進入更高的學府就讀，而不必增加家中的經濟負擔。

在路易斯的成長過程，她對兒子所做的任何決定，都是毫無保留地默默支持。試想，一位黑人寡婦，要在英國這樣一個階級制度分明的國家生存，的確是極不容易的，何況要支持兒子的成就與發展。但是，母親忍受了別人所難以忍受的苦楚，承擔了常人所無法承擔的壓力，無論如何也要尊重和支持兒子的決定，這樣一種犧牲精神的確值得每一位期待子女成功的父母親學習。

在路易斯那個年代裡，英國黑人青年所能從事的最好工作是當律師、醫生、傳教士和教師，他卻想成為一名工程師，儘管當時很少人願意雇用黑人工程師。隨後，由於獲得了獎學金，路易斯於一九三二年起就讀於倫敦大學，獲得博士學位，受到嚴格正統的大學教育。然後留在倫敦大學從事教育與研究，開始有機會涉入經濟學的專業領域。

從來不曾想過當經濟學家的路易斯，在成為經濟學家之前，卻遭遇了各式各樣的種族歧視，包括投宿遭拒、有推薦函卻仍無法得到工作以及來自他人種種無禮的對待。作為一名黑人，路易斯承受著比別人更大的心理壓力和社會壓力。他卻始終以一種高的標準，嚴格要求自己。他曾經就此情況說過這樣一段話：

「我早就習慣於做打破慣例的第一位黑人，身為種族的表率，……。我會經常提醒自己，其他人正在後面一路追隨我的腳步，他們是否會吃閉門羹，這與後續的個人反應有關，其中，我的成就部分應該與我的個人表現有關。」

路易斯先後任教於倫敦大學、曼徹斯特大學、西印度大學以及普林斯頓大學。他的主要著作有《經濟計劃原理》、《營運成本》、《經濟成長理論》、《經濟成長面面觀》、《國際經濟秩序之演化》等等。他在經濟學方面提出諸多獨到的見解，獲得了一九七九年諾貝爾經濟學獎，也受到國際經濟學界的重視。

作為一名黑人的諾貝爾經濟學得獎者，路易斯承受著比別人更大的心理壓力和社會壓力。他期許自己是黑人種族的表率，這的確是難能可貴的，特別值得當前台灣外配母親與孩子學習。

11 獨生子女的成長教育

一九六九年諾貝爾化學獎得主巴頓

德利克·巴頓（Derek Harold Richard Barton）英國人，一九一八年九月八日出生，一九九八年去世，享年八十歲。尊稱德利克·巴頓爵士（Sir Derek Barton）一九四〇年獲英國帝國學院理學學士學位；一九四二年獲該校哲學博士學位。德利克·巴頓一九六九年與哈塞爾（Odd Hassel）因「發展了構象的概念及其在化學中的應用」共同獲得諾貝爾化學獎。

巴頓是獨生子，幼年時家中除了得到父母的寵愛外，還有一個未出嫁的姑姑照料。他是家中唯一的寵兒，母親與姑姑對他幾乎百依百順。到了上學的年齡，他進入一所公立小學。在學校身邊沒有親人的照料，過著與家裡完全兩樣的生活。白天在學校裡，誰犯了錯誤都要受到老師的批評和處罰，也沒有同學特別謙讓他；晚上回到家中，他又是所有人的寵兒，受到百般的溺愛。小巴頓似乎同時承受兩種不同的生活與教育環境，讓他難以適應。

巴頓的父親是個木材商，在經商之餘，在教育子女問題上頗為關心。他觀察巴頓的成長處境，發現這種矛盾的教育對兒子成長頗為不利，特別是兒子由於母親與姑姑的寵愛導致他在學校裡不能很好地與同學相處。於是，為了改善兒子的學習環境，在巴頓十歲時，父親把兒子送進了寄宿制學校。

這是一所教會辦的學校，收費很高，學生大多數來自富裕階層，但校規極嚴，繼承了英國特有的培養「精英」那種貴族學校的傳統，學生們過的是一種近乎軍營的艱苦生活。每天清晨，鐘聲響過，學生們就得以最快速度起床、穿衣、疊被子、洗漱，接著就是出操與跑步。上午是文化課，下午是體育鍛煉。

在寄宿學校裡，即使寒冷的冬天，宿舍的窗戶也敞開著。學校的伙食是粗茶淡飯，不過，在大量運動之後，使那些孩子們改善了挑揀食物的習慣。學生如果犯了錯、違反了校規，就會受到嚴厲的處罰。小巴頓開始進這所學校時，幾乎難以忍受著這般生活，每個星期一都想賴在家裡不去上學。

母親和姑姑抱怨做父親的心太狠，不理解他為什麼把唯一的寶貝兒子送進這所嚴酷的學校。但父親卻認為，這對兒子的健康成長是必要的。磨難，對於那些養尊處優慣了的獨生子女來說，也許是一帖改善人格發展的良藥。巴頓後來回憶兒時的這段生活時也說：

「這樣的生活使我學會了忍耐和自我鍛煉，培養了我堅強的身心和健全的人格。在團體生活中，學會了如何與人交往、珍視友誼。這對我成人後形成尊重同事、為人謙遜、待人友善的性格起了很大的作用，為事業成功打下了良好的人際關係基礎。」

雖然這所學校的管理近乎苛刻，但在教育上卻並不刻板，非常注重啟發教育，關注學生的全面發展。這使小巴頓對各種知識產生了濃厚的興趣。學校圖書館的藏書非常豐富，包括了自然、天文、社會，文化與哲學等等各種學科的書籍彙集成知識的海洋。小巴頓廢寢忘食地埋首於圖書館，閱讀天文學等自然科學的作品。小巴頓為了尋找更多書籍閱讀，把有限的零用錢都用來購買圖書。對於他來說，書籍給他帶來無窮的樂趣。

正當全家人為兒子的進步欣慰時，父親為了讓他邁向科學領域發展，讓小巴頓轉學到另一所私立寄宿學校。不幸的事情發生了，在十七歲時，父親因心臟病突然發作去世，導致了巴頓的學業停頓。為了照料父親留下的事業，巴頓不得不離開學校。他把這視作命運對自己的挑戰，要勇敢地接受這個挑戰並取得勝利。他一絲不苟地工作，把父親的事業經營得蒸蒸日上。然而巴頓的內心深處，依然嚮往著科學。他在回憶錄中寫道：

「在長達兩年的工作中，我意識到人生的活力來源於知識，我開始領悟到世界上一定有什麼別的更有意義的工作。我和父親不一樣，對賺錢沒有興趣，只想學習。」

其實，巴頓沒有停止過學習。他在工作之餘自學了高中還沒有修完的全部課程，並在一個補習學校學習了一年。在二十歲那年，他順利地考入了倫敦大學的帝國科技學院，走上了化學研究的輝煌之路。一九四三—一九五〇年，在結構衍射分析的基礎上，與哈塞爾共同建立構象分析。構象分析可應用於任何化學領域，因為它可以提供分子活化時的經過情形，這對應用化學尤為重要。隨後他又在一九五〇年把構象分析應用於有機化學，一九五六年創立了苯酚和生物鹼結構可預知理論，此理論有助於認識許多生物鹼的生物合成。

巴頓「因在形成構象概念和把這些概念應用於化學反應方面所作的貢獻」，與哈塞爾共同獲得一九六九年諾貝爾化學獎，時年五十一歲。

12 父親尊重兒子的選擇

一九八六年諾貝爾化學獎得主李遠哲

李遠哲一九三六年十一月十九日出生於新竹，一九八六年，因首先以分子角度來研究化學反應的動力學而與赫施巴赫（Dudley R. Herschbach）以及波拉尼（John Charles Polanyi）共同獲得一九八六年諾貝爾化學獎。他是首位獲得該獎的台灣人，曾任中央研究院院長。

李遠哲在台灣接受中小學、大學、碩士班教育。由於父親是畫家，對運動與音樂也多有涉獵，所以李遠哲受到父親影響，從小的成長與發展過程是全方位的。在中學畢業前，李遠哲除了學校課程之外，花了許多精力在體育及課外活動上。

中學一場肺病讓他在病床上休養一個月，這段期間可以說是讓他的人生有很大的轉變，有時間專心閱讀許多名著，包括許多名人的傳記，同時也讀了許多文學書籍，對他影響較大的有蘇聯的高爾基、俄羅斯的屠格涅夫、法國的羅曼．羅蘭，還有不少刊登在開明書店的《開明少年》、《中學生》等，以及雜誌上之蘇聯無產階級革命文學小品，這些作品讓他一生都帶有很濃厚的社會主義思想，影響最大的一篇是《藍色的毛毯》。

高中畢業之後，李遠哲先是進入台灣大學化學工程系就讀，後來於大二時轉入化學系。受到同寢室室友張昭鼎學長的影響，開始對物理化學感到興趣。可是，當時化學系並沒有安排很多物理方面的課程，張昭鼎便安排了一個暑假與李遠哲在宿舍中研讀熱力學。之後，李遠哲也去物理系修習電磁學。

李遠哲從小跟著父親學畫，到高中時，他已經開始「癡迷」於畫畫，長大後想當一名畫家。於是，他一有空就陪伴父親去野外寫生。看到兒子流露出想當畫家的理想時，一生以賣畫勉強維持生活的李澤藩，對兒子的選擇很不贊成。為了不讓自己的下一代再過這種生活，爸爸勸兒子放棄現在的理想，改學醫學。他想：

「兒子已經是一名中學生了，再不勸他改變志向，恐怕以後會後悔莫及。」

一天晚飯後，父親將兒子叫到自己房間裡，拍著他的肩膀說：

「孩子，我有一個很重要的問題要和你商量，根據目前的時局，考慮到你將來的謀生問題，我覺得你不應該學畫，應該向理科方面發展，將來最好當一名醫生。我這兒有一本《瑪麗．居禮傳》，你先看一看，或許對你確定自己的理想有幫助。」

李遠哲讀了《瑪麗．居禮傳》後，深為瑪麗．居禮愛國、大公無私的高尚情操所激勵。他在後來說：

「我第一次感到，當科學家不僅能從事很有意義的科學研究工作，而且還能享有美好的人生。」

從此，李遠哲決心當一名像瑪麗．居禮那樣的科學家，把自己的一生都獻給科學事業。正是這種崇高的人生追求，引導他改變了自己和父親的觀點，他決心當一名化學家，努力攀登科學技術的高峰。

李遠哲於一九八六年獲得諾貝爾化學獎的殊榮，他也是首位出生在台灣榮獲該獎的人。

搖籃與推手——支持，成就與尊重選擇

尊重孩子的選擇是為了給孩子更好的選擇機會

路易斯的母親：一位在階級分明的英國社會裡的「黑人寡婦」，能夠與愛子締造出造福人類社會發展的經濟學家，他們的生命故事，值得當前面對多元化家庭，特別是「外配」與「陸配」家庭成長孩子教育的借鏡。

在逆境中照樣能夠培養出社會的精英，並非所有的社會棟樑都是含著金湯匙出生，受到最好的教育、衣食無憂地生活。路易斯就是一個典型的以及於逆境中成長的成功人士。那麼，路易斯的成功究竟應該歸功於哪些因素呢？

首先，該是路易斯父親早年對他的教育。這些經驗使他懂得，在許多時候，自學的效率會比學校教育更高，也就是他學會了在學習中的獨立精神，不完全依賴老師和學校的教學，而以自己的進度去進行超前學習。

事實上，路易斯這個事例至今仍是深具借鏡的。儘管當今的學校教育一直在試圖革新，但是其按部就班的模式已經形成，不容易改變，並不是每個學生都能適應自己學習。有的學生接受能力強，那麼他在學有餘力的同時，應該可以進行超前的學習，就像路易斯當年的學習，他在十四歲時，就已經完成了十八歲孩子的課業學習程度。

其次，就是他母親對他的全力支持。在這一點上，也許有很多父母會產生疑慮，難道孩子的決定我們都應該無條件地支持嗎？當然不是。父母應該有識別孩子的能力，這個孩子是否適合學習，他的學習狀態什麼時候最佳，這都需要父母平時的觀察。對孩子做的決定，也不要立刻就全盤否定，應該仔細思考，他這一決定背後的動機和背景，再結合平時對孩子的觀察來考慮到底要不要支持他。

路易斯的母親深知自己的孩子從小就熱愛學習，所以在他的學習方面，自然是不遺餘力地支持，而路易斯的確也適合學習。父母應該成為自己孩子的「老師」，應該慧眼獨具看到孩子的長處，他們到底適合什麼？需要什麼？瞭解孩子內心深處的渴望，這才是父母應該做的。而且，如此一來，父母與孩子會有更良好的互動關係，與孩子的溝通也會更加順暢。一旦父母確定了孩子的決定是正確的，是對孩子的發展有益處的，那就一定要盡自己所能地去協助、支持他，並在他灰心的時候予以鼓勵。

值得一提的是：一名黑人，他的父母都是從非洲來英國的移民。有色人種要在經濟學領域取得如此突出的成就，引起世人的矚目，路易斯所付出的努力，自然比我們想像的要多。此外，當然還要歸功於母親的無條件支持。

由於今日家庭少子化趨勢，獨生子女的教育問題，於是成為了一項重要課題。獨生

子巴頓在家裡是個「小皇帝」，受到百般寵愛。父親意識到這對孩子的成長極為不利，於是將兒子送進教會學校，讓兒子吃的是粗茶淡飯，接受嚴格訓練，忍受著與家庭裡不同的生活。母親、姑姑抱怨做父親的太狠心，而父親卻認為，這對兒子的健康成長是必要的。

磨練，對於那些習慣於養尊處優的獨生子女來說，也許很難熬，卻能給子女更好的將來。巴頓從最初的怨恨與忍受，到後來很感謝父親這樣的安排。我們不難看出，巴頓父親看似狠心的背後，隱含著對兒子深切的理智之愛。

當今孩子有很多是獨生子女，成為家中的「小皇帝」以及「小公主」，他們過著養尊處優的生活，一家人圍繞著他們的喜好而轉，在他們的心裡簡直找不到「艱苦」兩字。生活在這樣環境中的孩子，往往以「我」為中心，容易滋生自私、驕橫、任性、怠惰、不尊重他人等缺點。獨生子女教育已成為一個社會難題。

巴頓父親的教育方式或許是破解這種難題的好方法：讓孩子到艱難環境中去吃苦，接受磨練。而這樣做，家庭成員不但要一致的態度，關鍵要像巴頓父親那樣堅決果斷。於是，巴頓父親成了獨生子女的教育典範。

李遠哲是很幸運的，從小便得到父母的刻意培育。他們隨時隨地都在扶植著他的德性成長和智力發揮，讓他在日常生活中逐漸養成一種健康的人生觀，但同時父親又尊重

他的自由意志，使他可以充分地實現自我。父親尊重兒子選擇是李遠哲成功的關鍵，他後來談到怎樣教育孩子時，說過這樣的話：

「孩子對未來有什麼想法，想做什麼，我都尊重。（當年）爸爸媽媽沒有要我們變得很有名或賺大錢，只希望我們做有用的人，對社會有貢獻。」

李遠哲這番回憶在傳稿中到處都能得到印證，例如，在他小學五年級時，由於成績超前，導師對他的父親說，他可以跳級考初中。但和一般「望子成龍」的父親不同，父親讓他自己做決定。由於他的多樣興趣，不願終日為考試而讀書，終於放棄了跳級的機會。回顧往事，李遠哲多年後說：

「父親很開明，讓我自己決定。」

此外，李遠哲在一九九四年學成歸國之後，工作十分忙碌，連探望母親的時間也不多。他的母親只能天天剪下有關李遠哲一切活動的新聞報導，然後整理收藏起來。在他傳稿中有幾句描寫母親老人家心裡的話，十分動人：

「她就反覆細讀剪報，想到他一如她自小教誨的：不要追求名利，只要做個有用的人，一個頂天立地堂堂正正的人，就感到安慰了。」

以上兩則回憶，證明了李遠哲一生的選擇與基本價值主要是來自家庭教育，其今日的成就與父母親的支持有著密切關係。從李遠哲的成長歷程看，尊重孩子的選擇是為了給孩子更好的選擇機會，給孩子引導與啟發，從而自覺地改變自己的目標，而不是強迫孩子接受父母的規劃。此外，十六、七歲是人生確立志向的重要時期，過了這個年齡，如果選擇不適當，再改就太晚了。這是父親尊重兒子選擇的最佳寫照。

成功加油站——做生命中的自我

「假使神奇王國」對每一個造訪者，給予同樣的機會，提出同樣的挑戰

每個人的一生，都是從嬰兒時期的「認識自己」開始，最後到死亡時的「自己認命」結束。不論你是達官顯要，或是販夫走卒，絕對沒有例外。奇怪的是，許多人在成長後，在漫長的人生中，總是羡慕別人的成就，而輕視自己的存在與價值。

人生擁有許多機會與許多挑戰，因此，也需要做許多選擇。話說，當有一天，你被邀請去造訪一個稱為「假使神奇王國」的地方。在這個神奇王國中，假使你喜歡，就可以擁有任何你想要的東西、做任何你想做的事情。換言之，你的日子，愛怎麼過便怎麼過，只要閉上眼，任由你的想像力馳騁就可以了。

例如，你馬上就是：

名橄欖球運動家：吉米．馬歇爾，

國際籃球健將：林書豪，

過去年輕人偶像歌星：麥克．傑遜，

超級政治人物：唐納．川普，

著名企業家：張忠謀，

世界金融專家：喬治．索羅斯，

自己心目中的偶像人物：某位俊男、美女。

「假使神奇王國」對每一個造訪者，給予同樣的機會，提出同樣的挑戰，唯一不同的，是每一個人的選擇：

希望做誰？

每一個人都是自己生命中唯一的自我。可悲的是，許多人都被自己或他人期待，特別是被父母期待成為心目中的「他人」，而甚少人願意成為最可能成就的自己。

英國著名劇作家蕭伯納（一九二五年了諾貝爾文學獎）很早就意識到，即使他再活一遍，來生過得會比這一生更努力、更美好、更有成就，他仍是他自己，不會成為任何人。一位記者在蕭伯納死前不久，曾問他：

「蕭先生，你曾拜訪過許多世界上的知名人物，你認得不少皇親貴族、著名的作家、藝術家、學者和尊貴的大人物。假使你能再活一遍，做任何你所認得的人物，你會選做誰？」

蕭伯納回答說：

「我會選做喬治．蕭伯納，他可以做到的事情，別人卻絕對做不到。」

蕭伯納的這種「永遠做自己」的堅持，其實正好就是「假使神奇王國」的唯一限制，更是一項普遍被年輕人喜愛的生命陷阱。因為在這個神奇王國裡，你只能在想像中選做別人，但是，在真實的世界中，你永遠只能做你自己！在希望做別人的時候，你可能忽略一個非常重要的事實：

「你的未來發展是無限量的，因為從許多方面來說，你是獨一無二與無可替代的：你就是你，你是你生命中唯一的自己」。

換言之，在你的生命過程中，在這個世界裡，在這個時刻，只要你活著，你就擁有：

獨一無二的個性，

獨一無二的天份，

獨一無二的能力，

獨一無二的機會，

獨一無二的挑戰，

獨一無二的精神力量，

獨一無二的自我形象！

事實上，沒有人跟你有同樣的機會，沒有人擁有跟你一樣的能力，也沒有人的個性跟你一模一樣，更沒有人能像你一樣地看你自己。

親愛的讀者：當你在遨遊「假使神奇王國」的時候，能夠勇於拒絕當心目中的

「他人」，而勇於對自己說：「Yes」時，恭喜你。你的「獨一無二」將能夠獲得發揮，開花結果，使你成為這個世界上「獨一無二」的人！

你願意成為你要做的人嗎？這世界正在等待你獨一無二的貢獻，包括你的親人、愛人、朋友都會喜歡以擁有像你這樣的一位人物為傲。我們要為自己撰寫生命的詩歌，就從這裡開始吧！

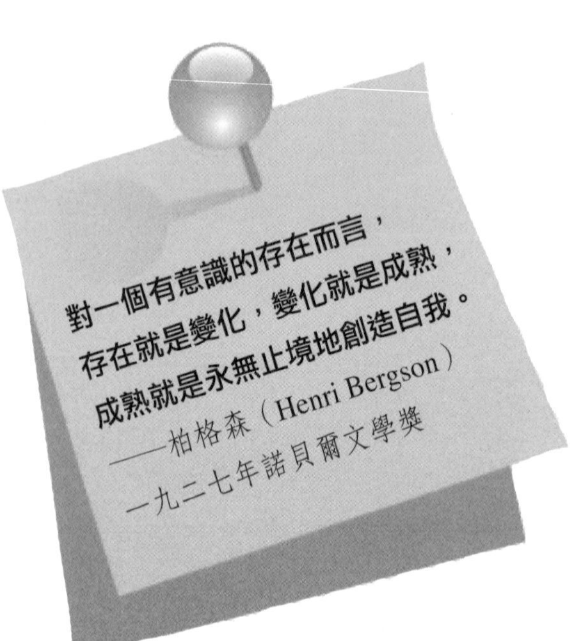

成長的故事——給兒子聖誕禮物

純真的心靈是無價之寶，那是我們曾經擁有的，然而長大後可能失去的

「爸爸！沒有聖誕老公公吧？我們同學說那是大人編來騙小孩的！」

這位年輕爸爸老林望著上幼兒園大班的六歲兒子，雖然說著早熟的言語，但是，眼神卻露出童稚的期待，他一時不忍，脫口就說：

「有啊！凡是滿六歲的小孩，每年聖誕老公公都會送他們禮物，一直到他們十二歲才停止」。

「騙人！才沒有聖誕老公公！」

兒子一臉狐疑，但是，其實已信了八成。

「真的沒有騙你，真的有喔！」

他既扯了謊，只好繼續下去。

「可是聖誕老公公是外國人，怎麼會來我們這裡？」

兒子提出有力的疑問。

「上帝會在每一個國家挑選出一個大好人，來做聖誕老公公」。

他越扯越遠、越說越心虛，還好兒子已經信了九成九，也沒再繼續問下去了。

隔天兒子放學回家，臉頰上瘀青了一塊，衣服也扯破了。原因是跟同學爭執聖誕老公公的問題，妻子怪罪他跟孩子胡扯，他面對兒子滿心愧疚，沒想到自陸戰隊退伍返鄉，工作並不穩定，一事無成，失業、復業數次，生活早已沒有尊嚴，而今兒子竟如此信任他，這一來他怎麼可以失信！

平安夜，他讓兒子早點去睡，然後瞞著老婆，穿戴上攀崖裝備，直上七樓公寓的屋頂，他鉤著樓梯將繩索放下樓，縱身踩上屋頂邊緣，敏捷的身手縱身往下跳，只是日久生疏，煞車時動作有點狼狽，結果失去了平衡，讓他摔到一樓的塑料遮雨棚。這一聲巨響還驚吵到一樓的鄰居，

「誰！是誰！」

直性子的老趙緊張地衝到後陽台，他趕緊壓低聲音響應：

「是我！我老林！」

經過他說明原委之後，老趙感動得說不出話來，揮手要他在外等一會，轉身回房拿出了一架小飛機：

「老林！麻煩你順便將這飛機，掛在我兒子的窗外好嗎？」

踩了人家的頂棚只得答應人家的請求，掛好了飛機正要爬上自家的鐵窗，三樓的陳太太開燈也到陽台揮手：

「林先生！趙先生打電話跟我說，你可以幫我們代送聖誕禮物？」

這下可慘了！為了送三樓的禮物，他只好改變計劃先回到地面，再重新爬一次樓梯、跳一次樓。老趙還跑出來，送給他一頂紅帽子和一個大袋子，眼神充滿著鼓勵，他一開門上樓，整樓的家長都在家門外等他，有些原先並沒有準備要送禮物的，據說都是受了他的行為而感動。

七樓的老徐還給他一個擁抱：

「老林！原本我是想送女兒一台鋼琴的，你是知道的，她很有這方面的天份！」

老林嚇出一身冷汗：

「老徐！這……可有點難！」

「喔！不是，我是要你幫我把這張聖誕卡，夾在她的窗戶上」。

老徐靠近他的耳邊小聲說：

「你也知道的，今年景氣差、壞年冬，今早我被公司遣散了！」

難過的老徐緊抓住他的手，似乎把對女兒的愛都交到他的手上。

於是，他重新站上屋頂，咒罵了老趙幾聲，然後開始逐層在寒冷的窗外送禮，花了大半小時好不容易全部送完，只剩下要給兒子的廉價小汽車，他小心地打開窗戶，伸手要將禮物放在兒子桌上，這時兒子卻探出小腦袋瓜，伸出雙手摟住他流汗的脖子：

「爸爸，我就知道你是上帝挑選出來的大好人！」

這位爸爸喘氣發楞：

「你看到我在送禮物啊？」

「嗯！人家好怕你會掉下來喲！」

這位爸爸的心態與行為雖然不足取，卻讓整棟公寓的小朋友都收到了聖誕禮物！父母親要懂得孩子純真的心靈是無價之寶，那是我們曾經擁有的，然而長大後可能失去的。我們這些已經長大的父母親，在孩子成長過程中，應該守護這份難得對成長與成功的期待。

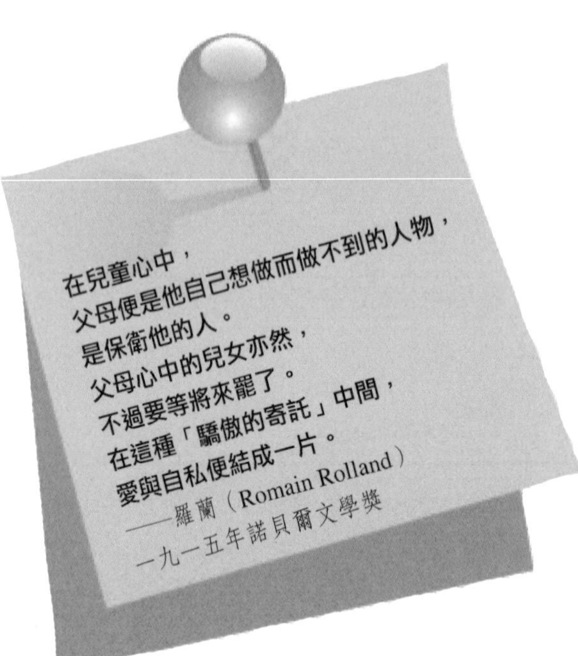

第五章

為未來的成功加強動機與動力

——來自拉脫維亞的奧斯特瓦爾德、波蘭的瑪麗．居禮和美國的庫柏

13 為發展孩子的興趣提供條件：奧斯特瓦爾德

14 父親啟發孩子興趣和愛好：瑪麗．居禮

15 成全孩子的發展願望：庫柏

搖籃與推手——興趣，愛好與成就願望

成功加油站——探索自我概念

成長的故事——五塊錢的堅持

把個人的不幸化為獻身於更大目標的動力，
化為教育培養貧苦孩子的善心
以及求學的勇氣。
——瑪麗．居禮（Marie Skłodowska-Curie）
一九〇三年諾貝爾物理學獎及一九一一年化學獎

13 為發展孩子的興趣提供條件

一九〇九年諾貝爾化學獎得主奧斯特瓦爾德

威廉．奧斯特瓦爾德（Wilhelm Ostwald）拉脫維亞人，後入德國籍，一八五三年九月二日—一九三二年四月四日，享年七十九歲。他「因為對催化作用的研究工作和對化學平衡以及化學反應速率的基本原理的研究」，一九〇九年獲得諾貝爾化學獎，時年五十六歲。

奧斯特瓦爾德的父親是個工人，以製作木桶為業，雖然沒有受過正規教育，不懂得家庭教育，卻知到孩子們一定要學有所長，培養和發展孩子的興趣，以便在長大之後才會有出息。為了這個目標，父親採取積極的行動。母親也支持丈夫的決定，把省下的錢給兒子購買書籍，實驗用的材料與工具。

小奧斯特瓦爾德雖然聰明，但學業成績卻非常糟糕，沒有進步，五年制的中學他讀了七年。二年級重讀半年，三年級重讀一年，四年級又重讀半年，五年級畢業時，俄語考試沒過關，不准報考大學。他只好補習俄語，直至及格，他才有了升大學的資格。

父母親發現兒子由於對「化學實驗」研究有特殊的興趣，導致無心也沒有足夠時間作功課，才導致成績不佳。在這種情況下，小奧斯特瓦爾德的雙親必須要決定：要求兒子以學業為優先，放棄化學實驗，或者繼續支持兒子做化學實驗研究。

當孩子的興趣愛好與學業成績發生衝突時，絕大多數父母會毫不猶豫地不再支持課外活動，甚至極力反對、阻撓孩子的個人興趣，一定要讓孩子把精力全部放在學業上。實際上，因為奧斯特瓦爾德專注化學實驗而導致留級，讓工人家庭的父母親帶來巨大的精神壓力和經濟損失。然而面對兒子濃厚的化學實驗興趣，父母仍然繼續支持他。這種為發展孩子的興趣提供絕佳助力，終於造就了一位偉大的化學家。

為了配合小奧斯特瓦爾德的研究興趣與發展，父親特別騰出一間地下室作為奧斯特瓦爾德的實驗室。母親則把省下的錢給兒子買各種化學材料，同意把家裡的煙囪作為火箭發射軌道。奧斯特瓦爾德的雙親不但重視它，也在物質上給予大力支持，同時還需要為他提供適當的環境。

小奧斯特瓦爾德的精力充沛，他探索科學的興趣非常廣泛。十一歲時，他偶然得到一本製作煙火的舊書，便興趣大增，拿著書先去請教老師，但老師沒有解答他的問題，於是，他便仿照書上的圖示，自己動手嘗試如何製造煙火。他和自己的朋友開始收集各種做煙火要用的材料，父母也很支持他。母親把省下來的錢給他購買硝石、硫礦和能夠產生各種顏色的金屬粉末，還把一些可以作實驗用的工具讓他使用。

奧斯特瓦爾德的父親知道製作煙火相當危險，容易引起火災，考慮再三，把地下室一間屋子專門作兒子的實驗室。放學之後，小夥伴們便在地下室裡聚首，互相討論著，怎麼調配煙火的配方，怎麼安裝。前後忙碌了數十天，他們終於製成了一個煙火。晚上，小夥伴和家裡的人、鄰居們都來觀看孩子們的表演。在屋子外的草坪上，當奧斯特瓦爾德小心翼翼地點燃煙火的一瞬間，「砰」的一聲，天空出現了五顏六色的焰火，父母們都為孩子們的成功鼓掌。奧斯特瓦爾德心裡得到極大的滿足。他第一次有了成功的體驗，感到自己有能力、有力量去完成想做的事。

在完成煙火製作後，奧斯特瓦爾德便想製造一枚火箭。火箭的製作難度比煙火更大。但奧斯特瓦爾德沒有退卻，他找來一些參考書與小夥伴們一起討論研究，一起動手收集材料。也是在數十天後，一枚火箭在他們的手中誕生了。但火箭的發射還需要軌道，他們開始考慮，在哪裡能夠發射這枚火箭？奧斯特瓦爾德看著自己房屋上高高聳立的煙囪，便建議在自家的煙囪裡發射。在取得父母同意後，他們把火箭安置在煙囪裡，一點火，火箭沖出煙囪，一直升到數十米的高空。

兩次成功製造煙火、火箭，鼓舞了奧斯特瓦爾德，也引起了他對化學實驗的極大興趣。在試驗過程中，不僅訓練了他實驗化學的技能，更重要的是，在實驗過程中領悟出了一些書上沒有講過的、包括解決問題的途徑和更簡便的方法，這使奧斯特瓦爾德終身受益。

上了中學後，奧斯特瓦爾德又迷上了照相。當時，攝影技術還剛剛發展起來，影像底片用（賽璐珞 Celluloid）還是在一八八四年後開始生產的，照相底板都得由攝影者自己製作。奧斯特瓦爾德就根據當時已經發明的照相原理，自己動手製作了照相底板和相紙。很多人認為，這個初中生不過是異想天開，不可能成功，然而奧斯特瓦爾德卻不屈不撓地鑽研，結果出人意料地洗出了照片。這使老師和父母倍感驚奇，都認為他是一個極聰明、極有才幹的孩子。

在幾年後，奧斯特瓦爾德已是一位知名化學家了。由於他會吹玻璃、做木工、掌握金工技術，特別是善於為預定的目標設計和製造儀器設備，並靈活地裝配和使用它們。因此，他的實驗成功率很高。他的同事和學生都為他超群和嫻熟的實驗技巧所折服。奧斯特瓦爾德的實驗成功與他從小觀察父親製作木桶手工藝有關。

奧斯特瓦爾德對化學的興趣從做煙火、火箭等開始，最終登上科學的殿堂。奧斯特瓦爾德一八七五年畢業於拉脫維亞多爾帕特大學，獲化學學士學位；一八七六年獲該校文學碩士學位，隨後也獲該校哲學博士學位。他因為催化作用、化學平衡及反應速率的研究成果，獲得一九〇九年諾貝爾化學獎，時年五十六歲。

14 父親啟發孩子興趣和愛好

一九〇三年諾貝爾物理學獎、一九一一年諾貝爾化學獎得主

瑪麗．居禮（Maria Skłodowska-Curie）波蘭人，後人尊稱她為「居禮夫人」。一八六七年十一月七日生於波蘭華沙，一九三四年七月四日於法國去世，享年六十七歲。她第一次與丈夫比埃爾．居禮（案例七）和貝克勒爾「由於觀察到貝克勒爾教授發現的放射性現象」，共同獲得一九〇三年諾貝爾物理學獎，時年三十六歲。

在一九一一年瑪麗．居禮第二次「因發現釙和鐳，提煉出鐳，研究了這種特殊元素的化合物，推動了化學的發展」，又榮獲諾貝爾化學獎，時年四十四歲。她是獲得諾貝爾物理學與化學雙重獎殊榮的傑出女性科學家。

瑪麗．居禮的父親是一位數學和物理學教師，後來擔任一所學校的督學。母親是一位女教師與鋼琴家。瑪麗小時候最喜歡的地方是父親的工作室。因為那裡有給孩子溫習功課的大書桌，牆上掛滿溫度錶和氣壓錶，一個好幾層的玻璃櫃內，擺滿了父親的教學儀器，如玻璃管、小天平、金屬驗電器等，這些都使她流連忘返。瑪麗覺得那些小東西非常有趣，不知叫什麼名字，更不知道有什麼用處。她常常踮起腳尖，伸長脖子，有興趣地看著玻璃櫃裡的那些奇妙的東西，並隨時向父親提出問題。有一次，

瑪麗好奇地問父親：

「爸爸，這些有趣的東西都是做什麼用的？」

父親親切地告訴她：

「那是物理儀器。」

他還簡要地講了那些儀器的用途。瑪麗的童年就是在父親的儀器前度過的，使她從小就開始對科學的興趣和對物理學的愛好。

瑪麗家中有三個姐姐和一個哥哥。母親個性文雅、溫柔，常給孩子們彈鋼琴，教孩子們唱歌，親自替孩子們補衣服，做鞋子。為子女建立了勤勞的榜樣。

瑪麗的童年時代，波蘭正淪為俄國的殖民地。沙皇為了消滅波蘭人民的民族意識，規定學校要把俄語作為正式語言，不許波蘭人講本國語言，並禁止讀波蘭書籍。那些俄國督學還像特務一樣，常常到學校檢查教師的教學。瑪麗的父母都是具有強烈本土意識的知識分子，經常在子女面前表示對俄國統治者的不滿。父親常對孩子們說：

「土地可以被奪走，但知識是壓迫者奪不走的東西。羅馬帝國征服了世界，但希臘文化卻征服了羅馬帝國。」

父親教育孩子不要受俄國殖民統治的限制，要為自己國家的未來多學習一些知識。晚間，全家人還常常聚在一起，聽父親低聲朗讀被禁止的波蘭文學作品，講故事，背詩歌。父母的教育和薰陶，在瑪麗的心裡埋下了熱愛學術的種子，使她決心為貢獻社會而努力學習科學知識。

瑪麗從小聰明好學。三姐經常把紙板上的字母剪下來排列成字，並告訴她這些字母、單詞的名稱和發音，瑪麗在一旁靜靜地聽著。就這樣，她逐步學會了字母，學會了看書。這時她才四歲。有一次，三姐朗讀課文時，一下子念不上來了。瑪麗等得不耐煩了，從姐姐手中拿過課本，很流利地代替姐姐朗讀，父母感到十分驚訝。

雖然如此，父母親還是遵守循序漸進的教學原則，決定先不讓小女兒讀書，怕她太早學習，以後上學會厭煩，別的孩子學習時她會無事可做。所以，每當瑪麗捧起書本看時，父母就讓她做別的事，例如：

「妳唱個歌給我聽吧！」

瑪麗六歲時進入私立學校，她終於可以自己讀書學習了。雖然她比班裡一般同學要小，但算術、歷史、文學等功課考試都是第一名。一首詩她只要讀上兩遍，就能一字不漏地背誦下來。老師們稱讚她，預言她將來一定是個有出息的人。

可是不久，各種不幸就降臨她的家庭。一八七六年，父親突然被學校的俄國校長辭退，原因是有個學生說錯了俄語，受到了校長的處罰，而父親為學生進行辯解，這就激怒了校長。向學校借的住宅被收回了，一家人只好到貧民區租了一間便宜的房子住。為了補貼家庭生活開支，父母在家裡收了幾名借宿生。不料，一個借宿生患了傷寒，傳染給了兩個姐姐，大姐病死，母親也患肺結核死了。

從此，父親把全部精力完全獻給孩子們。每到星期六，一家人圍坐在一起，父親向兒女們朗讀被沙皇禁止出版的波蘭作家的作品，引導孩子們積極向上。瑪麗深切地愛自己的父親，牢記父親的教導：

「知識是壓迫者奪不走的東西。」

於是，瑪麗更加奮發讀書，在書本中排遣憂愁。當瑪麗進入華沙公立女子中學時，三姐已中學畢業，哥哥也已經從華沙大學醫學院畢業。他們都因成績優秀而獲得金質獎章，這使瑪麗非常羨慕，學習更為努力。一八八三年，十六歲的瑪麗以優異成績提前一年高中畢業，也獲得了金質獎章。全家人為之高興，父親感到特別的欣慰。

由於瑪麗過度用功，導致健康出問題。父親安排她到鄉下叔叔那裡去住一段時間，以便休養恢復健康。叔叔按照瑪麗父親的吩咐，讓瑪麗經常到森林去散步，夏天到河裡游泳，冬天到山上滑雪橇，還教會她騎馬。鄉下的療養生活使瑪麗恢復了健康，也增長了不少與生活息息相關的自然規律與愛護環境的相關知識。

回到父親身邊，瑪麗面臨著一個嚴峻的問題：是繼續升學，還是就業？按她的天資和意願，當然是升大學，但沙皇規定只有男子才能接受高等教育。瑪麗要升學，只有到法國或瑞士去。可是，父親的薪水僅夠一家糊口，原來的積蓄都投資到瑪麗舅舅經營的一家磨坊中去，不料磨坊破產，血本無歸。現在無力讓子女深造，父親為此而老淚縱橫。

瑪麗和三姐要到國外去深造，錢要從哪裡來？姐妹倆決定走父親的路，給別人家小孩教課。當了一年家庭教師，兩人沒積多少錢。瑪麗想了一個辦法：讓三姐先去巴黎學習，她按時把積蓄的薪金寄去；等三姐畢業後有了工作，再幫自己去巴黎上大學讀書。

瑪麗為了多賺點錢，到波蘭一個偏遠地區當家庭教師，在那裡可以不花房租和伙食費。她除了當家庭教師外，還給村裡孩子辦了一所小學。瑪麗白天緊張地工作，晚上閱讀借來的大批物理、化學、數學、文學和社會學方面的書籍，在自學過程中遇到不懂的問題，就寫信向父親求教。在三年半時間裡，瑪麗教書、自學、賺錢，將一半工資寄給三姐，努力為父親和家庭分憂。後來，她又回到華沙當家庭教師。

瑪麗為了到法國上大學，當了六年教師。一八九一年九月，她終於賺夠去巴黎的錢，離開家鄉，進入著名學府——巴黎大學理學院，從此走上物理研究的漫長道路。一八九三年獲法國巴黎索爾本大學物理學學士學位，一八九四年獲該大學數學學士學位，一九〇四年獲該大學博士學位。

瑪麗．居禮是一位傑出的科學家，她的最偉大成就是關於放射性元素，特別是鐳的發現。由於這一發現突破了傳統物理學的範圍，使人們從此進入了一個新的領域——微觀世界，為原子物理學奠定了基礎。瑪麗．居禮還建立了分離放射性元素的系統理論和實驗方法，因而她也是放射化學的奠基者。她是第一位榮獲諾貝爾獎的女性，也是第一位兩度獲得諾貝爾獎者。

15 成全孩子的發展願望

一九七二年諾貝爾物理學獎得主庫柏

利昂・庫柏（Leon Cooper）美國人，一九三〇年二月二十八日出生於紐約。一九五六年他發現在低溫時金屬中的電子成對（庫柏對），這種現象被稱為庫柏效應。他因為發現了被稱為ＢＣＳ理論的「超導理論」，與巴丁（John Bardeen）和施里弗（John Robert Schrieffer）共同獲得一九七二年諾貝爾物理學獎，時年四十二歲。

庫柏的父親是波蘭人，年輕時移民來到美國。父親十分精明能幹，只用幾年的工夫，就開辦起了一家小有規模的印刷公司，並平安度過了一九二九年由美國引發、持續了好幾年的全球性經濟危機。幾年後，小庫柏的母親得了癌症。父親非常愛自己的妻子，儘管以當時的醫療條件，治癒的可能性不大，但他還是希望能夠創造奇跡。父親為了給妻子治病，不僅花了很多錢，連印刷公司的經營也顧不了。奇跡最終沒有出現，小庫柏九歲時，母親病逝，父親的公司也破產了。

父親從一個企業家變成了失業者，身上還背著許多債務，再也無力照顧一對年幼的兒女，於是狠下心，想透過社會慈善機構將小庫柏兄妹寄養在他人家裡。在慈善機構的推薦下，他先後考察了好幾個有意收養庫柏兄妹的人家，最終選中了范瑞福斯特先生。

庫柏父親的眼光沒有錯。范瑞福斯特先生和太太受過良好教育，家境富裕，有一座大房子，還有花園和草坪，更難得的是他們對孩子充滿了愛心。剛到養父母家時，自尊心極強的小庫柏有些拘謹，並懷有幾分戒備之心。在一個陌生人家，父親又不在身邊，做哥哥的他常常害怕妹妹被人欺負。

范瑞福斯特夫婦自己的孩子已經長大了，他們非常同情失去母親、父親又不在身邊的庫柏小兄妹，對待他們就像自己的孩子一樣。老夫婦不僅讓孩子們吃飽穿暖，為養子女提供優越的物質生活條件，更注重創造一個良好的精神生活環境，讓孩子們做自己喜歡的事，送他們上學接受良好的教育。

養父母一家待人友善而又寬容，從不以施捨者自居，時時刻刻處處注意，不讓庫柏兄妹有「寄人籬下」的感覺，而是讓孩子們感受到自己是這個家庭中平等的一員。很快，小庫柏就打消了顧慮，和養父母一家人相處得十分融洽，並可以做自己喜歡的各種事。這使庫柏的父親感到非常欣慰。每逢星期天都來看望自己的兒女，陪孩子們度過整整一個下午。

養父母家有一個地下室，曾經是家中的攝影暗房，子女長大後，已經好久不用了，堆放了許多舊書。小庫柏來了以後，在范瑞福斯特夫婦及其子女的幫助下，他在地下室的一角安裝了安全燈，學習照相和洗照片。但不知怎麼回事，洗出來的照片全是黑的。范瑞福斯特先生並沒有直接告訴他應該怎樣去洗印照片，而是讓他在地下室的那堆舊書中去自己尋找答案。

小庫柏開始一本一本地翻看那堆舊書，結果卻從中又發現了一個新領域的書籍，舊書堆中有關化學和電器的讀物，深深地吸引了他。他捧起書認真地閱讀起來，並按照書中的方法學習製作小電器和進行化學實驗。這間地下室又變成了小庫柏的實驗室和製作工廠，成為他最好的娛樂場所。他放學後總是長時間地在地下室裡，累了就到院子裡舒展一下身體，呼吸幾口新鮮空氣，接著又回去看書或做實驗。

小庫柏在做科技小實驗、小製作時，經常會惹出一些小麻煩，老夫婦不僅不責怪他，反而熱情地鼓勵他，並對他的每一次成功、每一個大膽設想加以讚揚。這使小庫柏做科學小實驗、小製作的力道更大了。小庫柏在範瑞福斯特夫婦家度過了兩年無憂無慮的時光。當父親工作和生活有了轉機並再婚後，小兄妹依依不捨地離開養父母，重新又回到父親的身邊。正是在養父母家的這段生活，培養了小庫柏對科學的濃厚興趣和強烈的探索精神。為此，他一輩子都很感激范瑞福斯特夫婦及其子女。

小庫柏回到父親身邊後，在家中的儲藏室內騰出一塊地方作為自己的小實驗室。

庫柏對科學的熱愛，對動手做科學實驗和小製作的愛好，很受學校老師的賞識和鼓勵。他和小夥伴們一起製作的科技作品曾經獲得了學校的獎勵。

背負著生活和工作雙重壓力的父親，忽視了兒子對科學的興趣，由於擔心發生危險而不准兒子在家中做化學實驗。但小庫柏依然繼續在家中進行自己所喜愛的化學實驗。雖然事先進行了計算，力求使化學反應控制在一定程度內，但還是發生了可怕的爆炸。隨著一聲巨響，儲藏室一片混亂。由於這次意外事故，庫柏的左耳有了終生的聽力障礙。

父親是一位意志堅強，從不屈服的人。小庫柏繼承了父親意志堅強和認定目標，就要堅持到底的性格，家庭變故的經歷又使他從小就很獨立。這樣，在性格相似的父子之間就經常發生一些摩擦和對抗。然而小庫柏在養父母家激發出來的對科學的渴望已難以停止。所以，儘管他很敬重父親意見，但依然繼續他的科學實驗。

庫柏一九五一年畢業於哥倫比亞大學，一九五四年獲該校哲學博士學位。後成為美國物理學家，布朗大學物理系教授。

搖籃與推手——興趣，愛好與成就願望

讚揚與責備兩者以六比四為宜，表揚占六成，讓孩子始終看到自己鮮亮和積極的一面

父親提供「發展興趣的環境」是奧斯特瓦爾德邁向成功的關鍵。對於今日的父母來說，非常重視孩子的學習，為了培養孩子，在各方面都願意全力以赴。問題在於父母不從孩子的興趣出發，把自己的期待強加在孩子身上，這樣做的結果，往往會讓期望落空。培養孩子興趣的關鍵，在於發現然後提供必要的助力。

學習成績的確非常重要，特別在升學競爭相當激烈的當今社會，它畢竟是衡量一個學生學業水準的重要標準，也是決定孩子能否進一步深造或進入名校的必要條件。但是，父母如果持有過分重視智育的價值觀，一味只要學習成績，而忽視順勢而為地發展孩子的興趣愛好，並為此全力支持的話，那麼，孩子的專長會被埋沒，天才也許會變成一顆稍縱即逝的流星。

當孩子的興趣愛好與學業成績發生衝突時，該如何處理？大多數父母會不再支持孩子，要求孩子把精力全部放在學業上。假使奧斯特瓦爾德的父親這樣做，就無法成就一位偉大科學家的兒子——一個天才化學家早在童年時就夭折了。這也是奧斯特瓦爾德父母不同於常人的成功親子教育。

善於「啟發興趣和愛好」，這是瑪麗父母親子教育成功的關鍵。父母是孩子的第一任老師。父母的言行舉止無時無刻不在影響著孩子。瑪麗的父母深知這個道理，所以，他們以自己的愛鄉土情懷和對知識的渴求，以自己作良好的榜樣，為孩子營造一個和諧、溫馨的教育環境，使孩子們耳濡目染，受到薰陶。

在父母的影響下，瑪麗幼小的心田裡埋下了熱愛國家的種子，牢記父親的教導：「知識是壓迫者奪不走的東西」。就家庭環境來說，包括居住場所、文化氣氛以及父母的行為與人際關係等等，這些都是不明顯的教育因素，它對孩子有著潛移默化的作用。做父母的是要像瑪麗父母那樣，首先要以身作則，做孩子的榜樣；其次要為孩子營造一個充滿正氣、文化濃郁、人際間和諧溫馨的人文環境。

成就瑪麗的另一關鍵，由於瑪麗過度用功，導致健康出問題。父親安排她到鄉下叔叔那裡去住一段時間，以便休養恢復健康，也增長了不少與生活息息相關的自然規律與愛護環境的相關知識。這趟旅程促成瑪麗更加為人類福祉提出貢獻，也更愛護環境。

瑪麗是一位聰慧的孩子，讓父母親感到欣慰。但瑪麗父母根據循序漸進的原則，決定不提前幾年讓瑪麗上學，就是擔心讓孩子過早地失去天真以及難以與同學合群。瑪麗父母這種作法，可以說是具有遠見親子教育典範。

「培養獨立發展願望」是庫柏邁向成功的關鍵。小庫柏在范瑞福斯特夫婦家度過的兩年是他探究能量蓄積的兩年，為他之後探究能量發揮打下良好的基礎。

為養子創造優裕的物質生活條件，也許其他養父母都能做到。但范瑞福斯特夫婦的可貴之處在於，更注重為孩子創造一個精神生活環境，讓孩子做自己喜歡的事，精心教育孩子：

第一，自動自發學習。庫柏學習照相和洗照片遇到問題，范瑞福斯特沒有直接告訴他如何做，而是讓他自己廣泛閱讀，到書籍中去尋找答案。透過自己閱讀、思考、研究、實踐所得到的知識技能，要比獲取現成的知識技能印象深刻。范瑞福斯特對孩子實行的是啟發式教育，引導孩子自己去尋找知識技能。

第二、平等與寬容的態度。小庫柏在做科技小實驗、小製作時所惹出的小麻煩，老夫婦不僅不責怪他，反而熱情地鼓勵他，喜歡聽好話是孩子的天性。每當孩子取得成就後的鼓勵，可以增強他們的自信心和探索的積極性。

第三，失敗後的鼓勵。每當孩子失敗後的鼓勵，可以提高孩子再嘗試的勇氣和力量。范瑞福斯特夫婦正確地把握了孩子的心理特點，透過鼓勵、鼓勵再鼓勵，使庫柏在鼓勵中不斷地累積並發揮探索自然奧祕的能量。

一些父母對待孩子：一味表揚、誇獎，捨不得說一句稍重的話，生怕孩子受不了。或是無窮無盡的批評、埋怨，生怕孩子沉浸在讚揚聲中會造成傲慢。其實，這兩種做法都有失偏頗。對於孩子來說，表揚與批評兩者都不可或缺，但應以表揚為主。

一般來說，讚揚與責備兩者以六比四為宜，表揚占六成，讓孩子始終看到自己鮮亮和積極的一面。當然，這也不能過於機械性，因事與因時而定。特別不能當眾責罵，讓孩子的自尊心受損，效果必定適得其反。

庫柏成名後回憶自己青少年時期經歷的一段話，值得每個父母省思：

「從孩子到長大成人的這個階段，是一個蓄積巨大能量的過程。如果父母總是壓制孩子的這種能量，……不僅會妨礙孩子蓄積能量，還會使孩子喪失自信。……凡是孩子自己感興趣的事就應讓他去做，這是他蓄積和發揮能量不可缺少的過程。如果能做到這一點，孩子就大有希望。」

成功加油站——探索自我概念
理想自我引起適當層次的自重和有關目的定向的期待

自我概念（Self-Concept）是一個人對自己存在的體驗。它包括一個人通過探索、經驗、反省以及別人的回饋，逐步加深對自己的瞭解，隨後就在「自我概念」基礎上成長與發展。自我概念是一個認知的過程，由態度、情感和價值觀等組成，貫穿整個成長經驗和發展行動，並把個人的各種特定習慣、能力、思想、觀點等組織起來。

心理學家威廉·詹姆斯（William James）於是用Self（自我）來表示自我的核心，而且這種做法也沿襲至今。詹姆斯於一八九〇年把自我區分為作為客體的我（me）和作為主體的我（I）。自我（me）是自己在探索過程中所獲得對自己的概念，個人就在這基礎上發展了主體我（I），然後邁向個人的成長與發展的漫長生活歷程。

自我概念包括了三種不同形式：首先，物質的我，指個人的身體、性別以及其相關屬性；其次，精神的我，由個人目標、抱負和信念等所組成；第三，社會的我，也就是他人所看到的我。

一九四〇年代，心理學家羅傑斯（Carl Ransom Rogers）進一步詳細闡述了自我概念。他專注於自我概念的「知覺和自尊」（Perception and self-esteem）方面的評價。羅傑斯區分了作為實際感覺到的自我（真實自我）和作為理想中的自我（理想自我）。他認為兩者都可以加以測定，是各有特點的有用概念。真實自我被置於略低於理想自我的地位，真實自我和理想自我之間的差異表示個人的心理順應指數。理想自我引起適當層次的自重和有關目的定向的期待，因而激發個人成就感和對社會的責任感。

偉大的思想家也因為自我本質受強有力的內在力量支配，才能任憑自我本質的要求驅策，勇敢地以必勝的信念對抗一切自古以來大家所認定的真理。

——奧伊肯（Rudolf Eucken）一九〇八年諾貝爾文學獎

成長的故事——五塊錢的堅持

有一種信念對於成功而言更加重要，那就是不要放棄最後一絲希望

在很久以前，美國的紐約海關裡，有一批沒收的腳踏車，在公告後決定拍賣。拍賣會中，每次叫價的時候，總有一個十歲出頭的男孩喊價，他總是以五塊錢開始出價，然後眼睜睜地看著腳踏車被別人用三十、四十元買去。

拍賣暫停休息時，拍賣員問那小男孩：

「為什麼不出較高的價錢來買?」

男孩說：

「我只有五塊錢。」

新的拍賣又開始了，那男孩還是給每輛腳踏車相同的價格，然後被別人用較高的價格買去。後來，聚集的觀眾開始注意到那個總是首先出價的男孩，他們也開始察覺到會有什麼結果。

直到最後一刻，拍賣會要結束了。這時，只剩下一輛最棒的腳踏車，車身光亮如新，有十段桿式變速器、雙向手煞車、速度顯示器和一套夜間電動燈光裝置。

拍賣員問：

「有誰出價呢？」

這時，站在最前面，而幾乎已經放棄希望的那個小男孩輕聲再說一次：

「五塊錢」。

拍賣員停止唱價，只是停下來站在那裡。

這時，所有在場的人全部盯住這位小男孩，沒有人出聲，沒有人舉手，也沒有人喊價。直到拍賣員唱價三次之後，他大聲說：

「這輛腳踏車賣給這位穿短褲白球鞋的小夥子！」

此話一出，全場鼓掌。

那小男孩拿出握在手中僅有的五塊錢鈔票，買了那輛毫無疑問是世界上最漂亮的腳踏車時，他臉上流露出從未見過的燦爛笑容。

在生活中，父母時時鼓勵孩子「勝過別人」、「超越別人」的競爭心態。這當然是好的，它激勵孩子們變得更好與更強。但我們是否意識到有一種信念對於成功而言更加重要。那就是不要放棄最後一絲希望。孩子的成長與成功往往不能從一開始就見分曉，而是在最後一刻見輸贏，決不放棄的信念顯得尤為可貴。取勝的願望誰都會有，強者、弱者真正的差別是誰能夠堅持到最後。

如果我堅持什麼，
就是用大炮也不能打倒我。
——巴甫洛夫（Ivan P. Pavlov）
一九〇四年諾貝爾生理學或
醫學獎

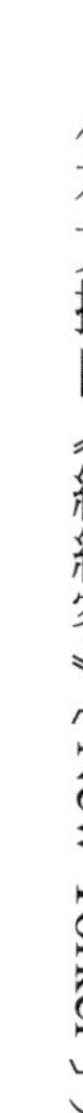
（本文摘自《紐約客》〔New Yorker〕）

第六章

後天的努力讓成功如虎添翼

——捷克的海洛夫斯基、澳洲的康福思和美國的博勞格

16 勤奮學習的化學家：海洛夫斯基

17 鼓勵孩子向命運抗爭：康福思

18 隔代教養的成功典範：博勞格

搖籃與推手——勤奮，命運與隔代教養

成功加油站——掌握成就動機

成長的故事——貝特的工作績效

科學的未來，
只能屬於勤奮又謙虛的年輕人。
——巴甫洛夫（Ivan P. Pavlov）
一九〇四年諾貝爾生理學或醫學獎

16 勤奮學習的化學家

一九五九年諾貝爾化學獎得主海洛夫斯基

傑羅斯洛夫．海洛夫斯基（Jaroslav Heyrovsky）捷克人，（一八九〇－一九六七）著名的化學家，「極譜學」（Polarography）創始人。一九五二年當選為捷克科學院院士。一九六五年被接納為英國皇家學會外國會員。他因發明和發展極譜法而獲一九五九年諾貝爾化學獎，時年六十九歲。他是第一位獲得諾貝爾獎殊榮的捷克人。

海洛夫斯基成長在一個非常溫馨的家庭：父親是一位大學教授與律師，母親是一位慈祥的家庭主婦，他們有三個女兒與二位男孩。海洛夫斯基童年時代就具有非凡的想像力，並且愛好音樂，喜歡彈鋼琴，酷愛足球以及登山等體育運動，同時在課業上也非常勤奮學習。

從很小的時候，海洛夫斯基就展現了他的聰明才智。他的父親是捷克首都布拉格大學的羅馬法教授，也是一位著名的律師，對孩子們的要求非常嚴格，希望他們未來能有所成就。母親則是個慈祥的家庭主婦，她非常為五個孩子感到自豪，並對他們的生活給予無微不至的關懷。海洛夫斯基和他的姐姐弟弟們過著非常快樂的童年。

有一天，海洛夫斯基從學校回來時愁眉苦臉的，吃晚飯的時候還是心不在焉，只低著頭吃飯，沒吃幾口菜。媽媽發現他不開心，給他添了些菜，並問：

「我是否可以幫忙做點什麼？」

小海洛夫斯基這才驚醒過來，抬起頭看看大家，紅著臉說：

「沒什麼，只不過老師出的一道題目我做錯了，可是我一直找不出錯誤在哪兒？」

爸爸接著說：

「親愛的孩子，你要記住，無論做什麼事都要專心，先吃飯吧！」

於是小海洛夫斯基點了點頭，乖乖地吃完飯。飯後，媽媽建議他出去散散步，呼吸一點大自然的新鮮空氣。在這樣的情況下，海洛夫斯基心情逐漸輕鬆起來，學校的學習緊張漸漸消除，精神也舒爽起來了。散步歸來，他又精神恢復了，坐下來開始做那道做錯的題目。時間一點點地過去，只見海洛夫斯基在寫字和翻書。

外面姐姐弟弟正在玩著他們平常最愛的遊戲，一陣又一陣的歡笑打鬧聲從門外傳進來，弟弟敲著他的門過來邀請他參加遊戲。海洛夫斯基從沉思中回過神來，但仍表示要繼續做功課。姐姐也跑過來邀他一起玩，邊說邊走過去看他做的題目，看見散放在桌上、寫滿了各種算式及圖形的計算紙，就知道他在做數學題目，驚訝地問他：「你的數學與物理向來都很好呀！怎麼會被難住呢？我幫你算吧！那你就可以玩了。」

姐姐熱心地說。

「不，姐姐，我要自己把它算出來，你們先去玩吧！我一會兒就可以了。我已經找出一個可能錯的地方了，我不太熟悉這種方法，有個地方可能不小心弄錯了，我自己可以的，讓我自己做吧！」

海洛夫斯基有自信地說。

就在這時，他找對了思路，自然也會得到正確答案了。見他嘴邊露出一絲微笑，在一張白紙上胸有成竹地重新演算起來，他拿著筆很流暢地在紙上寫著，一步，再一步，他飛快地算著答案，終於自己演算出來了，他收拾好東西安心地加入姐弟們的遊戲當中。

父親看到兒子露出了滿意的笑容，明白海洛夫斯基這種努力不懈，凡事要經過自己思考、親自動手做、不假手他人的特質與精神，肯定將會伴著他踏實地登向科學高峰。在多年從事教育工作的父親眼中，兒子自主性與勤奮的人格特質將是未來成功的奠腳石。結果，海洛夫斯基確實沒有讓父親失望。

海洛夫斯基的母親是一位善良細心的母親，很容易就發現孩子們的心思，甚至是很微小的以及不太尋常的地方。更加高明和可貴的是，她很會開導孩子，在小海洛夫斯基不開心的時候，帶他到大自然裡欣賞美景，幫助他調整挫敗的心情、重新恢復精神。正是這樣溫馨的家庭教育，加上他自己的天資和努力，激勵他不停地攀登科學領域的高峰，最終獲得輝煌成果。

海洛夫斯基一九一四年獲倫敦大學理學士學位，一九一八年獲得該校哲學博士學位。一九二六－一九五四年任布拉格大學教授。一九五〇年為捷克科學院創辦極譜研究所，並任所長。一九五二年當選為捷克斯洛伐克科學院院士。一九六五年被接納為英國皇家學會外國會員。曾任倫敦極譜學會理事長和國際純粹與應用物理學聯合會副理事長。

一九二二年海洛夫斯基以發明極譜法而聞名於世。一九二四年與志方益三合作，製造了第一台極譜儀。極譜法是一種具有多種用途的分析技術，透過測定電解過程中所得到的電流電位（或電位時間）曲線來確定溶液中預測成分的濃度。這種分析方法具有迅速、靈敏的特點，絕大部分化學元素都可以用此種方法測定。此法還可以用於有機分析和溶液反應的化學平衡和化學反應速率的研究。

一九四一年海洛夫斯基將極譜儀與示波器聯用，提出示波極譜法（Polarographic Method）。海洛夫斯基主要著作有《極譜法在實用化學中的應用》（一九三三）和《極譜學》（Polarography 一九四一）等，其中不少著作被譯成多國文字在世界各地出版發行。他因發明和發展極譜法而獲一九五九年諾貝爾化學獎，他是第一位獲得諾貝爾獎殊榮的捷克人。

17 鼓勵孩子向命運抗爭

一九七五年諾貝爾化學獎得主康福思

約翰·狄卡普·康福思（John Warcup Cornforth）澳洲人，一九一七年九月七日—二〇一三年十二月八日，享年九十六歲。尊稱約翰，狄卡普·康福思爵士（Sir John Warcup Cornforth）他「因研究有機分子和酶催化反應的立體化學成就」與普雷洛格（Vladimir Prelog）共同獲得一九七五年諾貝爾化學獎，時年五十八歲。

康福思出生在澳大利亞的雪梨。在他很小的時候，全家搬到新南威爾士州的阿米代爾，一個尚未開發的小鄉村。這裡距雪梨二百公里，東臨新英格蘭山脈，遠離大都市的繁華和暄鬧，人煙稀少。往日一起玩耍的小夥伴不見了，伴隨小康福思的是無邊無際的荒野和生活在荒野裡的蜥蜴、袋鼠和鴕鳥，還有那色彩變化不定的天空。

小康福思開始注視著這美妙的自然界。夜晚降臨了，他遙望星空，靜靜地品味著大自然的美妙。他學會了辨別星座，他知道了地球和太陽、月亮的關係，因此，小康福思對大自然充滿了憧憬。然而小康福思並沒有覺察病魔正在悄悄地接近他。十歲那年，父母發現他的聽力逐漸下降，醫生診斷確定是耳朵硬化症，是一種無法治癒的耳朵軟骨病，並且會越來越嚴重，最終導致失聰。這真是晴天霹靂！對於一個十歲兒童來說，美好的生活還沒有開始，而他注定要面對一個無聲的世界。

小康福思思考著，在那個世界裡，沒有人聲，沒有鳥鳴，沒有音樂，萬籟俱寂，這是一種何等可怕的景象？自小就有獨立意識的小康福思仰望著星空，開始考慮自己今後的生活。父母告訴他：

「聽力喪失是一個漸進過程，大約還有十年時間能夠聽見聲音，必須抓緊時間與命運抗爭，憑自己的努力，在十年中，學完全部應該掌握的知識，把握好自己的命運。」

父母親認為最好的辦法是讓兒子在失聰之前，能像正常人一樣盡可能地接受正常的教育。所以，他們誓言不放棄機會，把兒子當作正常人送進了雪梨男子中學，而不是聾啞學校。在中學裡，康福思開始與時間賽跑，病情容不得他有絲毫的懈怠。他每天早起晚睡，拚命地學讀書，專心聽講。他必須趕在聽力喪失之前，盡可能多地儲備知識，以備日後使用。

值得注意的是，康福思隨後因學習成績優秀受到學校的獎勵。學校的獎品也是可以選擇的，康福思在學校準備的各種獎品中，選擇了一本介紹宇宙天文知識的科學讀物。這大概與他童年時代搬家到新南威爾士的一個小鄉村的生活有密切關係，因為他從小就喜歡觀察天象。

此外，有一位老師改變他的志趣，進而邁向科學研究。他是康福思的化學老師，老師是一位充滿熱情的人，教學語言生動，很受學生歡迎。他不要求學生死記硬背，而是向學生充分展示化學的魅力，透過多種演示，激發學生對化學科學的興趣。康福思的興趣便從天文學轉移到化學科學上來了。老師告訴康福思：

「從事化學研究，弱聽不是一個不可跨越的障礙！」

在老師的鼓勵和引導下，康福思開始努力學習化學。此時父母全方位支持他的選擇，在家裡建了一個簡易化學實驗室，參照有機化學教科書，開始做有機合成的實驗。他用廉價化學原料合成了很多製劑。多次的實驗成功，使他明白一個珍貴的學習原則：

「有心人完全能夠透過自己的努力來改變事物，化學實驗如此，生活也是如此。」

儘管康福思的聽力在迅速減退，但他的勤奮換來了優異的學習成績。十六歲時，他考入了澳大利亞最好的大學之一的雪梨大學。這時，康福思幾乎完全失聰，無法用耳朵聽，就用眼睛看。在整個大學期間，他幾乎天天要上化學文獻資料館。資料館中許多雜誌和書籍是德文版的，康福思就借用辭典閱讀一個又一個德文資料，也讀懂了所有的文獻。康福思一九三七年獲雪梨大學理學學士學位，後來又取得了碩士學位，還獲得了英國政府授予的聯邦國家優秀學生的「一八五一獎學金」，進入英國本土深造。

在一九三八年康福思獲得牛津大學理學碩士學位，然後在一九四一年獲牛津大學哲學博士學位。一位失聰的人，最終在艱難環境中成長，父母親的支持，康福思把握了自己的命運，使自己成為諾貝爾化學獎的獲得者。康福思「因研究有機分子和酶催化反應的立體化學成就」與普雷洛格共同獲得一九七五年諾貝爾化學獎，時年五十八歲。

隔代教養的成功典範

一九七〇年諾貝爾和平獎得主博勞格

諾爾曼．博勞格（Norman Ernest Borlaug）美國人，一九一四年三月二十五日生於美國愛荷華州，二〇〇九年九月十二日去世，享年九十五歲。一九七〇年由於在「綠色革命」中所發起的領導作用，「為一個饑餓的世界提供糧食作出了巨大的貢獻」，獲得諾貝爾和平獎，時年五十六歲。

在博勞格的記憶裡，童年是一幅由金黃麥浪和高大橡樹所組成的絢麗鄉野風景畫。畫中有一位老人正在彎著腰工作，他就是博勞格的爺爺。爺爺的一雙有力的手搭配著金黃麥浪和高大橡樹所組成的絢麗大地，造就了一個為饑餓世界提供糧食作出了巨大貢獻的「綠色革命」大使，也為「隔代教養」立下了成功的典範。

小博勞格出生與成長於美國中部以農業為主的愛荷華州，他是家裡最小的孩子，除了父母親的照顧，也最受爺爺疼愛。平時，爺爺總是給他講一些「生活常識」，小博勞格認真記在心裡。

一個下雨天，爺爺一面瞧著細密如絲的春雨，一面對博勞格說：「孩子，說起土地，有一句話你必須牢記：它就像銀行一樣，你存入多少，它也就會向你支付多少。當你把去年從土地那裡得到的收穫，又以某種方式償還了，那麼，今年它就會再一次慷慨地『先借後還』。這樣，蔬菜、莊稼、樹木就會長得快，長得旺，長得足。」

也許，小博勞格並不完全懂得爺爺這番話的道理，但他知道，這又是爺爺的一個「生活常識」。小博勞格在菜田裡、麥田裡，向爺爺學到不少知識。每當夏季放學後，他便和爺爺一塊在麥田裡勞動工作。田野裡收割機巨大的鐵輪旋轉著，打麥機的長而低垂的皮帶滾動著，碾下來的麥殼被吹成一堆一堆，黃金麥粒轉眼間就裝滿了一麻袋，吊車又把一袋一袋的麥子裝在馬車上。這一景象，使博勞格簡直著了迷。一年的汗水換來了眼前的收穫，父親和爺爺高興得眼睛閃閃發亮。

在博勞格的記憶裡，那是一個夏天的清晨，一陣暴雨剛過，博勞格和爺爺、爸爸在花生田間鋤草，藍天上的白雲像放牧的羊群向天邊飄去，一群飛鳥像羽箭在清新的風裡穿梭，清新濕潤的空氣裡彌漫著來自泥土的醉人芳香。爺爺看到這一切，藍藍的眼睛閃出喜悅的光芒。

眼見孫子對泥土的深情，觸動了老人的心弦，他說：

「孩子，你聞吧！你聞的是生命啊！人要是沒有土地，那是活不成的。土地餵養了牛羊，土地使百花盛開，土地上茁壯生長著小麥。沒有土地，我們就沒有糧食和麵包。孩子，如果你要祈求，就祈求大地吧！上帝不在別的地方，就在這大地上。」

爺爺的話成了博勞格一生從事農業研究的牢固信念，是他永生不能忘懷的一個「生活常識」。於是，他懷著這個信念與理想，邁向綠色革命成功之路。

博勞格在學校的學習成績一直很好，但是，他也有一個念頭：退學幫家裡工作。因為爺爺和爸爸的農田工作量太多，確實需要一個幫手，這個想法立刻遭到父親直截了當的反對。博勞格父親和他爺爺一樣，是個有知識的農民，平時也酷愛讀書，只要是能得到的書，總要認真地閱讀一番。

父親沉著臉對兒子說：

「雖然你可以幫我許多工作，但因此而不上學，損失會更大。」

爺爺也勸說：

「孩子，你長大後就會明白你爸爸的話完全正確。假如你希望將來吃飽肚子，就不如現在腦袋裡先裝滿知識。」

在博勞格的求知道路上，爺爺總不時地指點，還經常為他買書，買畫報和報紙。有時，爺爺向他遞過來一份報紙，說：

「博勞格，我眼睛不好，給爺爺念念這篇文章。」

其實，爺爺不是眼睛不好，而是想藉此為孫子開闊眼界，讓他瞭解更多的新事物。

農家的生活也並非永遠快樂，農家有農家的煩惱：眼見小麥收成一年不如一年，怎能不心急如焚呢？為了增加產量，許多地已經改種燕麥和玉米了。土地失掉了什麼？為什麼只種一種農產品，會年年減產呢？博勞格並不知道他腳下的土壤中所發生的變化，正是導致古代許多貧窮農業國日漸衰退的根本原因。

博勞格是美國著名的遺傳學家和植物病學家，世界「綠色革命」的先驅。從一九四四年起，他在墨西哥連續工作了二十五年，培育出許多農作物新品種。他培育的高產、矮稈和抗病力強的小麥，產量提高近一倍。一九五九年以後，他又相繼在印度、巴基斯坦推廣這種高產小麥取得成功，接著被許多國家採用，極大地推動了世界的「綠色革命」。他的成就對於提高發展中國家的糧食產量、消除饑餓和貧困具有十分重要的意義。

一九三七年博勞格獲美國明尼蘇達大學理學學士學位，一九四〇年獲該校理學碩士學位，一九四一年獲該校哲學博士學位。出於對土地的熱愛和被土地問題所困擾，博勞格將自己的一生獻給了農業科學研究的偉大事業。後來，博勞格終於在培植高產、抗菌小麥研究中作出突出貢獻，被全世界稱為「綠色革命之父」。一九七〇年五十六歲時獲得了諾貝爾和平獎。他是設立諾貝爾獎七十年以來唯一獲獎的一位農學家。

搖籃與推手——勤奮，命運與隔代教養

更重要的是在思想、道德和行為習慣上要敢於嚴格要求

「勤奮學習」是海洛夫斯基的成就關鍵。而溫馨的家庭教育，加上他自己的天資和努力，激勵他不停地邁向科學領域的高峰。身為父母，在看到孩子沮喪或者浮躁的時候，也許用話語開導效果有限，有時還不如讓孩子接觸大自然，讓自然美景平靜孩子的焦慮不安心情。父母也要學會觀察孩子的舉動，體察孩子的心思，發現孩子遇到挫折、不開心的時候，要善於開導他。而當孩子追求正確學習方向時，則要堅定的鼓勵他。

海洛夫斯基之所以能夠取得這樣的成就，與他從小就熱愛科學、認真學習、總是親自進行實驗，對於觀察到的各種現象善於分析解釋有密切的關聯，當然與父母的指導也是密不可分的。於是在勤奮學習以及父母親大力支持之後，獲得了偉大的成就。

「向命運抗爭」是康福思所以能夠取得成功的力量。一個十歲兒童就要面臨無法治癒的失聰，這是多麼殘酷的現實。幸運的是，康福思有一對好父母，當兒子遭到病魔

如此重大打擊時，誓不放棄，鼓勵兒子與命運抗爭。趕在失聰以前「學完全部應該掌握的知識」，並把他當作常人，送進普通學校就讀。

天有不測風雲，人有旦夕禍福。當孩子面臨嚴重疾病侵襲時，產生苦惱、悲觀等消極情緒。這時，父母的態度對孩子的情緒調整至關重要。如何對待孩子難以抗爭的處境？實際上是對父母親人生和教育態度的一次嚴峻考驗：悲觀失望，只會使孩子變得消沉；怨天尤人，無濟於事；只有勇敢地面對現實，採取恰當的措施應對才是積極的態度。就此而言，康福思父母的所思所為，不僅是孩子的精神支柱，也是其他父母親的楷模。一位失聰的人，最終在艱難環境中成長，父母親的支持與鼓勵，康福思把握了自己的命運，使他成為諾貝爾化學獎的獲得者。

博勞格的爺爺與所有祖輩一樣，十分疼愛孫子，所不同的是他對孫子的愛充滿著理智，看似平和的言語中不乏嚴格要求。例如，博勞格小時候就跟著爺爺到農田工作。當博勞格想退學幫家裡耕作時，爺爺堅定地支持兒子的正確決定，鼓勵孫子繼續讀書。

爺爺不僅對孫子嚴格要求，而且就地取材，方法巧妙，容易為孩子所接受。例如，他用「先借後還」比作付出與收穫的農耕關係；又如，藉口自己眼睛不好，讓孫子給自己讀報，以此開闊孫子的眼界等。這些做法值得長輩們效仿。博勞格之所以能成為第一位獲得諾貝爾獎的農學家，這與他從小受到爺爺良好的教育是絕對有關的。

現代家庭，由於父母親上班工作，許多小孩的日常生活與學習指導都由祖輩承擔：上學接送，孩子一出校門，奶奶就遞上可口食物；天氣剛轉涼，圍巾、手套把孩子裝備妥當；孩子做家庭作業，爺爺與奶奶在旁邊守護等等。一般來說，祖輩對孫輩更加喜愛，特別是在獨生子女家庭，容易產生愛的「隔代效應」。

然而，祖輩對孫輩的喜歡往往缺乏一種直接的教育責任感，因此在疼愛的時候，常常遷就多於嚴格要求，滿足失去分寸和理智，甚至於充當孫輩錯誤行為的保護傘，從而造成溺愛。久而久之，成為家庭教育的不良慣例，當父母親發現問題時，一方面難以立即改正過來；另一方面，父母親的不同管教方式，也會造成三代人之間的矛盾，值得省思。

在物質生活不斷提高、獨生子女不斷增多的今天，祖輩對孫輩的關愛，不能僅僅停留在生活上，更重要的是在思想、道德和行為習慣上要敢於嚴格要求，在教育思想和要求方面盡可能地與孩子父母一致。在角色定位上，教育的主體責任是父母，祖輩只是配角，不能超越定位。如果祖輩定位正確，又能配合父母嚴格要求，這樣才能促進孫輩各方面茁壯成長。博勞格爺爺的所作所為，堪為隔代教養的典範。

成功加油站——掌握成就動機

成功不一定要重複做同樣的事，因為他們一心要想把工作做得更好，獲得更多的成功

成就動機就是一種想要做好事情的動力，它與個人對自己的高要求、高標準有關，也與個人的高抱負水準有關。心理學家麥克萊倫（Marian McClellan）認為，人們的成就動機不但有利於個人的成長，也有助於社會經濟的發展。然後，在具有成就動機前提下，後天的努力讓成功如虎添翼。例如，勤奮學習的化學家海洛夫斯基，鼓勵孩子向命運抗爭的康福思以及隔代教養的成功典範的博勞格等都是好的案例。

具有高成就動機的孩子，生活內容豐富而充實，學習或工作主動積極，生氣勃勃，精力充沛，心情愉快；有進取心，永遠不滿足於現狀；思維活動的獨立性、創造性強，富有競爭意識，自信心強，敢於承擔具有一定難度的工作，並力求做好，這些特徵都有利於心理健康。

另外，在學習上成就動機高的孩子比成就動機低的孩子學習得更快。但是，在簡單的規定好的課題中，成就動機高的孩子比較缺乏獲得成就的一般條件。只有在完成困難的事情時，才能獲得「成功了」的滿足感，這也才能顯示出成就動機的積極作

用。所以，問題在於如何提出學習課題。因為成就動機與學習效率很有關係，所以必須提高成就動機，使自己具有取得成功的願望。那麼，如何提高成就動機呢？

一，進行獨立性訓練

要掌握成就動機，我們必須要能夠進行獨立性的訓練。麥克萊倫認為，個人的成就動機與其早期的獨立性訓練有關。他收集了八個較低文化水準地區的民間傳說，並分析了這些傳說中關於對兒童獨立性的要求與培養情況。結果發現，早期獨立性的培養與其成就動機之間有明顯的正相關。

心理學家溫特伯托（M. Winterbottom）的一個權威性研究，探討了兒童獨立性的培養與其成就動機的關係。他把二十九個男孩（八－十一歲）的成就動機分成幾個等級，並採用問卷法調查這些兒童的父母對其獨立性的培養，然後分析兩者的關係。調查中，他對兩個問題詢問得最為詳細。一個問題是要求每一位母親回答她認為自己的孩子從幾歲開始應該做以下的事情：

不會迷路。

開始探索。

在競爭中得到好成績。

自己結交朋友。

結果發現：孩子成就動機高的母親認為，兒童應該很早地開始獨立地生活；而孩子成就動機低的母親則認為兒童應該受到一些限制，不該太早獨立活動。

另一個問題是：

當兒童達到母親要求時，母親是如何獎勵他們。

結果發現，成就動機高的孩子的母親常使用身體接觸的方式，如擁抱或親吻。這項研究顯示，父母的態度對孩子獨立自主的生活習慣的培養很重要，但另一方面也啟發我們，中學生自己應盡早地擺脫對父母的依賴，去嘗試獨立自主的生活，體驗成功的喜悅。只有在獨立生活的磨練中，才能刺激起成功的慾望。

二，對自己高度負責

要掌握成就動機，我們必須要能夠對自己作出的決定高度負責。凡事要有責任感，成就動機高的孩子是經過深思熟慮才決定接受任務的，一旦接受了任務，就對自己的行為負責，努力去實現目標。對人對己對事沒有責任感的人，是難以有成功的機會的。

三，培養自我創造力

要掌握成就動機，我們必須要能夠培養自己的創造力。成就動機高的孩子不願意循規蹈矩，採取簡單重複的方法去完成任務。傳統心理學的效果律認為，個人在某件事情上的成功，就會反覆做同樣的事情。這條定律對於一般孩子來說可能是有作用的，而對於高成就動機者來說，成功不一定要重複做同樣的事，因為他們一心要想把工作做得更好，獲得更多的成功。由此可見，他們更有冒險精神與創造精神。

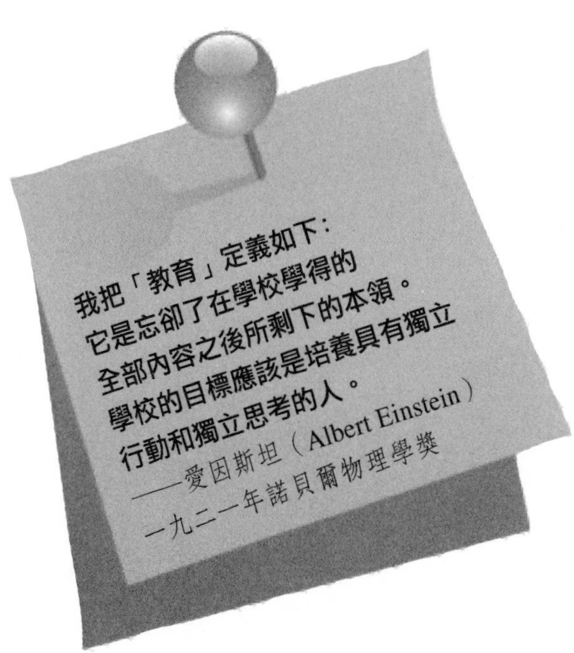

成長的故事——貝特的工作績效

獎勵只是蛋糕上極薄的一層奶油

凱里（Robert Kelly）在他的《如何成為一名明星員工》中描述了一個人初始動機對最終收獲的影響。

整整有十年，貝特一直在為馬薩諸塞州的醫療補助系統處理瑣碎的帳單。但是到了一九九一年，這個州的財政預算縮減了四億六千萬美元，這直接威脅到了她的工作，同時受到影響的還有數以百計的為州政府工作卻只拿微薄薪水的職員們。而州長魏爾德拒絕提高稅率來填補這個工資缺口。

三十八歲的貝特不得不縮減她的工作時間，當然這使得她有更多時間來照顧兩個孩子，一個九歲，一個兩歲。但一週僅工作三天的嚴酷現實，並沒有影響她對工作的忠誠和追求上進的動力。她努力為醫療補助系統尋找更多的收益來源，為此，她把厚厚的醫療補助年鑑和人力健康服務部門的手冊帶回家研究。她耐心地閱讀，甚至夜以繼日，全身心地投入許多繁雜的文檔中。

有一天，她突然發現州和聯邦政府在計算醫療運作的成本和收益時有一個錯誤。

結果呢？結果就是馬薩諸塞州醫療補助系統收回的事務費用比它帳面上應得的要少。於是，聯邦政府不得不額外撥回四億八千九百萬美元來糾正這個錯誤。簡直不可思議！一位女職員的努力使一個州解除了財政危機，幫助數以百計的職員保住了飯碗，使得一些受到預算約束的項目又正常運轉起來。

州長魏爾德高興極了，特別頒發一萬美元來獎勵貝特。這個舉動也大大鼓舞了州政府的僱員，他們使整個政府的效率更高了，他們認識到最好的想法往往來自第一線的僱員。

「獎勵只是蛋糕上極薄的一層奶油」，

貝特後來說，

「對我來說，更重要的是州政府意識到我們的工作，而且激發出我們每個人與生俱來的工作潛能。那簡直是太棒了！」

貝特出現在《紐約時報》雜誌的封面上：

「貝特變成了ABC廣播公司某一週的新聞人物！」

她還被著名節目主持人大衛・利特曼（David Letterman）邀請去訪問對談。凱里說道：

為什麼她會成為一九九一年夏天的明星？

為什麼全美國人民都喜歡這樣一個，

普通的為州政府工作的小職員？
只是因為貝特表現出積極的工作動力。

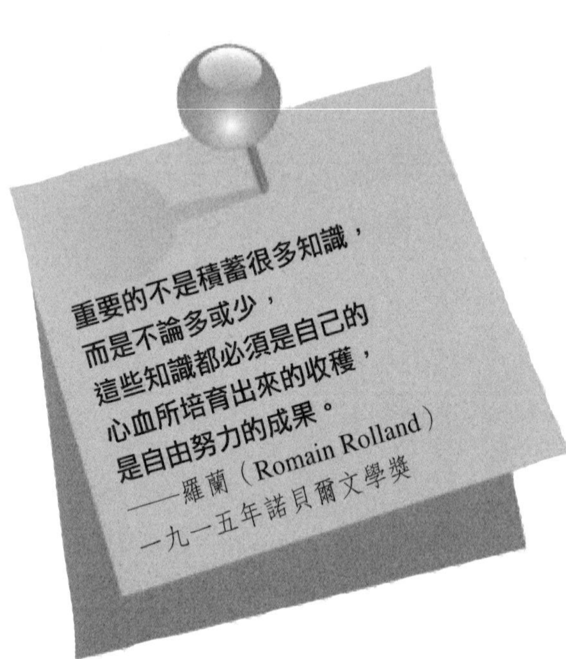

第七章

失敗是成長與成功必然代價

——荷蘭的塞曼、西班牙的卡哈爾和德國的維蘭德

19 低成績的傑出科學家

20 從經歷失敗中獲取教訓

21 父母不同調成長的孩子

搖籃與推手——低成績，失敗與父母不同調

成功加油站——建造成就基礎

成長的故事——剛好有個同樣的玩伴

失敗可以鍛鍊一班優秀的人物。
它挑出一批心靈，
把純潔和強壯的放在一邊，
使它們變得更純潔、更強壯。
——羅蘭（Romain Rolland）一九一五年諾貝爾文學獎

19 低成績的傑出科學家

一九〇二年諾貝爾物理學獎得主塞曼

彼得·塞曼（Pieter Zeeman）荷蘭人，一八六五年五月二十五日生於荷蘭澤蘭省的一個小村莊，一九四三年十月九日於阿姆斯特丹去世，享年七十八歲。塞曼與洛倫茲（Hendrik Antoon Lorentz）因為「他們在研究光和電磁現象之間的聯繫方面所作的開創性工作」，共同獲得一九〇二年諾貝爾物理學獎，時年三十七歲。

塞曼的出身與眾不同——小船上出生的孩子，單親媽媽的獨子，母子相依為命。一八六五年五月二十四日深夜，荷蘭這個低國中的低地中的一座攔海大壩決堤了！海水像千萬隻雄獅猛獸，氣勢洶湧地奔騰而來，急促地吞噬著澤蘭村莊的一切：房子被衝垮，牲畜、傢具被海水沖走，人們的哭聲、喊聲、叫聲震徹夜空。恰恰就在這樣一個極為特殊的時刻，不安分的塞曼要出生了。此刻一位孤獨無助的單親媽媽，懷著即將出世的胎兒，躺在一條小船上，在驚濤駭浪中隨波逐流。

母親是一個非常勇敢、堅強的婦女，儘管當時的處境極為危險，但她想到自己的腹中有一個即將降臨人世的小生命，決不能現在就死去。忽然，一個巨浪將她的小船推向一根漂浮著的大木頭，小船被擋住了。突如其來的撞擊，變成一種催產作用，她終於分娩了，新生兒的哭聲從孤立無援的小船上傳開。為了這個來之不易的小生命，塞曼母親在波浪中掙扎著，拚命地掙扎著，直到第二天下午，死裡逃生的鄉親們聽到了嬰兒的哭聲，才將他們母子救起。

荷蘭是世界上地勢最低的國家，全國有百分之二十四的國土都低於海平面。在海平面下出生的荷蘭人，為了向大海爭地，為了生命財產的安全，世代相繼構築工程浩大的攔海大壩，祈求能永遠「拒海水於國門之外」。儘管海堤又高又大，但荷蘭人還是時常擔心，海堤會在哪一天突然崩決，隨時都要準備與驚濤駭浪搏鬥，從不敢掉以輕心。他們世代相傳的古訓是：

「我掙扎，我要探出頭來！」

光陰荏苒，塞曼在母親的撫養教育下長大成人，並且成為荷蘭著名的萊頓大學的學生。第一次來到大城市的塞曼，被眼前那花花綠綠的世界、紙醉金迷的生活吸引住了。他與當時一些缺乏人生理想的青年人一樣，也學會趕時髦，將大部分時間和精力白白地浪費在嬉戲遊樂中，只是靠自己的那一點點小聰明去應付所學的功課，與「C

萬歲」（C等於六十分成績勉強及格）的口號共鳴，得過且過，成天混日子。到期終考試成績一公佈，他的物理學竟然得了個F，不及格！

放假回家，老母親看了他的成績單，非常痛心。她百感交集，沒想到兒子竟然這樣不爭氣。儘管她很生氣，但沒有對兒子發脾氣，只是淚流滿面，並把兒子叫到面前，非常嚴肅地說：

「兒呀！早知道你是這樣一個平庸之輩，我後悔當初真不該在驚濤駭浪中為了你拚命！」

母親老淚縱橫，哭泣著給塞曼講述了他出生時的艱難情景，語重心長地給他講解了國人流傳已久的那個古訓的深刻含義，諄諄告誡他如何做人、做事。母親的話語，極大地激勵了塞曼。他開始意識到人生的意義和自己生命的價值，非常悔恨自己的過去，決心要以實際行動報答母親。

新學期開始，塞曼重返萊頓大學，就像換了一個人似的。他克服了自己的惡習，一改過去懶懶散散的毛病，勤奮刻苦地努力學習。為了取得好成績，他惜時如金，非常努力地讀書，常常廢寢忘食，不知疲倦。轉眼間過了四年，塞曼就要大學畢業了。因為他學習成績優秀，被學校聘任為物理系著名科學家洛倫茲的助教。當塞曼拿著大學的聘書，高興地回到家中向老母報告這一喜訊時，母親正身患重病在醫院搶救中。彌留之際，母親眼含熱淚，再次給兒子留下了這樣的遺言：

「掙扎，再掙扎！」

塞曼把母親臨終時的遺言，牢牢記在心裡。為了使自己永遠不忘記母親的教誨，他特意買了個金質的小鏡框，將母親的遺像放在裡面，一直掛在自己的胸前。一次，塞曼應邀到阿姆斯特丹大學講學，講課時被一道題目給難住了。他站在講台上，默默沉思了足足有十多分鐘之久，問題還是沒有解決。此時，他心急如焚，忽然想到自己的母親，隨手從懷裡掏出珍藏的母親遺像，細細地端詳一番。他終於從母親那裡獲得了解決難題的靈感，答案找到了，情不自禁地笑了，學生們也跟著笑了起來。

就這樣，母親雖然離開了塞曼，但母親的形象、精神和教誨，匯成了一股偉大力量，始終激勵和推動著塞曼不斷地前進，使他在科學高峰的攀登中，不避艱險，不畏勞苦，不怕困難，向著目標邁進！

一八九六年九月二日，正在與老師洛倫茲合作，共同研究磁場光譜的塞曼，給在家裡的妻子的信中寫道：

「又是家鄉的防汛季節了！我們都是海平面下出生的人，每逢這個季節，我的智慧比平時更加活躍，精力也更加旺盛。我為了磁場光譜的研究，已經連續三天三夜沒睡覺，但我一點兒也不感到疲倦。我懷念母親，懷念家鄉所有的故人，我牢記著母親給我的教訓。這話永遠激勵著我，使我忘記了疲勞，忘記了病痛，生怕從波濤中探不出頭來，更怕在學問中抓不住要領。」

塞曼早期就開始研究磁對光的影響，此後他的主要研究課題一直與光學現象有關。在一八九三年塞曼獲荷蘭萊頓大學哲學博士學位。他廢寢忘食地在實驗室連續奮戰了幾個月，終於在一八九六年，他三十一歲時發現了物理學上著名的「塞曼效應」。通過實驗，他首先建立了光和磁之間的聯繫，使光譜學取得了重大的理論進展，為磁光學作出了重大的貢獻。正是由於這一卓越貢獻，塞曼和他的老師亨德里克・安東・勞侖茲一起獲得了一九〇二年諾貝爾物理學獎。

20 從經歷失敗中獲取教訓

一九〇六年諾貝爾生理學或醫學獎得主卡哈爾

聖地亞哥・拉蒙・卡哈爾（Santiago Ramóny Cajal）西班牙人，一八五二年五月一日生於西班牙亞的佩蒂拉，一九三四年十月十七日於馬德里去世，享年八十二歲，他「因為對神經系統結構的研究」，與戈爾季（Camillo Golgi）共同獲得一九〇六年諾貝爾生理學或醫學獎，時年五十四歲。

卡哈爾成長在一個教育家庭，父親原來是一位苦獨自學成功的外科醫生，沒有文憑，靠刻苦自學後來當上薩拉格薩大學教授。由於這個背景，卡哈爾的父親為了保住來得不易的工作，導致疏於對孩子的教育，幾乎埋沒一位具有潛力的科學人才，還好他能夠及時從經歷失敗中獲取教訓。

卡哈爾小時候非常頑皮，他愛繪畫，也愛舞刀弄槍，最喜歡的遊戲是與小朋友「打仗」。他討厭學校的嚴格紀律和種種嚴厲的規矩，並把它稱之為「恐怖統治」。因為他不守規矩，在學校經常受到各種處罰，包括「面壁」與「餓飯」，所以學期還沒有結束，他就盼望著快點放假，以便從學校裡解放出來。

有一次，卡哈爾真的被「解放」了，那是因為一次大災禍造成的。卡哈爾在多次「打仗」後覺得只用刀槍不過癮，於是要造一門「大炮」，向「敵人」顯示自己的實力。他反複琢磨後，居然製造出了一門「大炮」。在一次戰鬥中，大炮轟然一聲，把一位小朋友給打傷了，險些鬧出人命來。受傷小朋友的父母請來了警察，把卡哈爾抓去拘留三天。

於是，卡哈爾的父母必須負責賠償對方的醫藥費、營養費。母親懷著愧疚心情並含著淚水給卡哈爾送飯，母子無言相對。父親非常生氣，當卡哈爾從拘留所裡出來後，父親狠狠地把他訓斥了一頓，決定不再讓他上學讀書，將他送去學手藝。起先卡哈爾學的是理髮，後來又要他去學修鞋。由於卡哈爾天生是個愛動手的孩子，雖然他在學校裡坐不住，可是學理髮、修鞋卻做得很出色。理髮師、修鞋匠多次在卡哈爾父母面前誇獎他。

卡哈爾的父親畢竟是一位教育工作者，雖然在一氣之下讓孩子輟學做為懲罰，心裡總是不安，覺得自己對孩子的教育失敗，甚至太粗暴了。一年之後，父親重新把卡哈爾送進了學校。然而，卡哈爾又因為討厭學校的校規，再次離開學校回家。這一次，卡哈爾的父母認真討論了兒子的前途問題。他們感到也許學校的教育方式的確不適合兒子的學習，那就乾脆把他帶在自己身邊學習。從此，父親就直接擔負起教育兒子的責任。

由於父親是外科醫生，就結合自己的專業，先教卡哈爾學習骨骼方面的知識。為了讓兒子學起來更直接一些，父親不只講解教科書上的骨骼結構圖，還親自帶卡哈爾去墓穴挖取死人的枯骨，然後父子兩人一起清洗處理，製作成骨骼標本。起先，父親還擔心卡哈爾會害怕，沒想到卡哈爾對骨骼研究十分感興趣，一邊看父親製作標本，一邊聽父親傳授知識，還不停地提問。

不久，父親安排卡哈爾學習描繪解剖學圖形。從小就對繪圖很有興趣的卡哈爾，精心繪製了人體的各種骨骼圖。經過三年學習，在卡哈爾十七歲時，他繪製了一整套人體解剖的彩圖，圖形逼真、精美、準確，以致父親自愧不如，執意要公開出版兒子的作品。出版之後，也受到生物界的重視，讓他邁向解剖學研究。

父親的親自培養教育，為卡哈爾以後的學習打下了堅實的基礎，也培養了他學習解剖學的興趣和研究的初步本領。後來，卡哈爾進了父親工作的薩拉格薩大學讀書，一八七三年獲醫學碩士學位，年僅二十一歲。因為服役和生病，卡哈爾耽擱了兩年學習時間，二十三歲時赴西班牙最高學府馬德里大學攻讀醫學博士，一八七七年取得博士學位。由於卡哈爾成績優異，不久被母校聘為解剖學教授，那年他才二十五歲。

21 父母不同調成長的孩子

一九二七年諾貝爾化學獎得主維蘭德

海因里希・維蘭德（Heinrich Wieland）德國人，一八七七年六月四日生於德國普福爾茨海姆，一九五七年八月五日於德國斯塔恩貝格去世，享年八十歲。他「因對膽汁酸及相關物質的結構的研究」獲得一九二七年諾貝爾化學獎，時年五十歲。

維蘭德出生在德國一個製造、經營銀器首飾的家庭。他家的首飾以精巧而聞名全國，歷代帝王和皇親國戚每逢慶典，都指定要他家製作首飾、器皿和動章。維蘭德的父母生下他們兄弟三人，哥哥早逝，排行第二的他，就成了長子。父親製作銀器首飾的手藝確實不錯，但非常保守，一心想讓自己的兩個兒子繼承祖業，跟他學習製作銀器首飾的手藝，不讓他們上學讀書。

維蘭德的母親由於出身於書香門第，熱愛科學，追求知識，嚮往進取，頗有遠見卓識。她殷切地希望自己的兒子具備淵博的知識，成為有識之士，將來能為社會作出一番貢獻，再也不要像他的祖輩那樣，除了會製作銀器首飾，沒有接受正規教育。

此時，維蘭德的父母兩人在對兒子的培養教育和發展方向上發生了嚴重的分歧，各執己見，互不相讓，為此經常吵架。在這個問題上，母親的決心很堅定，她企圖說服丈夫，但經過多次努力，仍然說服不了頑固的丈夫。倔強的母親毅然決然地把維蘭德帶到文化氣氛非常濃厚的娘家去住。

聰明好學的維蘭德，從小就特別喜歡讀書，對數學、物理、化學的興趣非常濃厚。到了外祖父家，他如魚得水，讀了許多過去從來沒有見到過的書籍。在富有教養的外祖父和母親的指導下，他努力地學習，在很短的時間裡，就學到了各種文化知識，成了外祖父全家人都喜歡的小天才。

維蘭德在母親娘家外祖父的培育下，在數學、物理學方面打下了堅實的基礎。幾年後，維蘭德的父親不顧母親的反對，將已經懂事的他帶回家，要他開始學習手藝。維蘭德請求父親讓他讀書，而墨守成規、謹記繼承祖業的父親卻生氣地說：

「讀書有什麼用？我們家的孩子學點手藝才是正經！」

有一次，維蘭德的父親為算不清一個月首飾買賣帳目，氣得暴怒不已，他卻只花了不到一個小時，就把雜亂無章的帳目結算得一清二楚。當維蘭德把結算好的帳本捧到父親面前時，父親非常感動。經過整整一個晚上的思考，父親深感自己不讓孩子讀書的決定是那麼的武斷和錯誤。第二天一大早，他就毅然敲開兒子的房門，鄭重地向維蘭德道歉，並摟著他激動地說：

「你是對的，我支持你的要求，你好好讀書吧！」

維蘭德在父親的鼎力支持以及母親的協助下，終於可以專心讀書了。由於母親的安排，維蘭德從小就接觸了許多科學知識，小學、中學的學習成績都名列年級前茅，接著又以優異成績考入柏林大學，且在不滿十八歲就大學畢業了，隨後又到斯圖加特大學專攻化學。不僅是因為母親的堅持，也因為他自己的好學，才使他從小就被培養成一個刻苦的讀書人，讓本身的聰明才智得以充分發揮。在一八九九年，年方二十二歲的維蘭德便獲得了慕尼黑大學博士學位。一九〇一年獲德國慕尼黑大學哲學傅士。

之後，維蘭德應邀到慕尼黑化學工業研究院工作。經過艱苦的探索和反複實驗，他第一次發現了膽酸及其化學結構，為有機化學的建立打下了基礎，從而使化學工業得以突飛猛進地發展。正是由於他取得了開創性的研究成果，因此一九二七年被授予諾貝爾化學獎。

搖籃與推手——低成績，失敗與父母不同調

「我掙扎，我要探出頭來！」

「成績」不等於「成就」的道理或許很多人都聽過，但是，一位在學校低成績的孩子如何長大後成為諾貝爾獎得主的科學家，賽曼的案例值得探討。

話說，一位原本純樸、好學的農村孩子塞曼，來到大城市後經不住花花世界的環境誘惑，追求紙醉金迷的生活，變得怠惰，學業一落千丈。這是任何一位父母所不願意看到的。這種情況下，大多數做父母的會不厭其煩地對孩子「說教」，希望孩子回心轉意，一旦無效，就由失望、無奈轉為放任，最終孩子可能誤入歧途，也斷送大好的前途。

塞曼的母親，一個沒有特殊教育背景的農村婦女與單親媽媽，她用：「驚濤駭浪」中生孩子的偉大母愛，感動孩子的心。然後，教導孩子如何做人、如何學習與如何做事。母親始終對孩子的堅定信心，不離不棄的耐心，終於使塞曼知途迷返，浪子回頭。

「我掙扎，我要探出頭來！」簡單的一句話，易懂易記，包含著深厚情感教育，堅韌不拔的意志教育和奮發有為的目標教育，始終激勵著塞曼不斷前進，使他在攀登科

學高峰的道路上不避艱險與不怕困難，最終登上了科學殿堂。母親的教導影響了塞曼一生。

教育名言：「言教，不如身教」，而父母親身經歷的事實最能感動孩子的心。母愛是偉大的，若僅僅停留在生活上關心，只是一種基本的愛，假使長期如此，有可能埋沒了孩子的自主能力。隨著孩子年齡的增長，父母對孩子生活上的事要逐步放手，讓其學會自動自發。塞曼母親「我掙扎」的生活榜樣，其效果是任何說教所不可及的。她不斷地激勵孩子向上，教會孩子如何做人、做事，這才是更深層次的愛。

「從失敗獲取教訓」是一位苦讀自學成功的外科醫生，靠著刻苦自學後來當上大學教授父親的成功家庭教育案例。

小卡哈爾在一次玩樂中把小朋友弄傷，險些鬧出人命，父親一氣之下讓兒子輟學去學理髮、修鞋。可喜的是，卡哈爾父親能認真反思，感到自己的親子教育過於粗暴，並勇敢地糾正自己的過錯。卡哈爾父親這種勇於自我否定、知錯必改的態度，不但沒有失去自己的威信，反而贏得孩子的尊敬與信賴。

每一位父母在教育孩子過程中，難免會有些失當之處。可怕的不是教育過錯本身，而是父母有了過錯，不但不能在孩子面前勇敢地承認過錯，反而推卸責任，甚至頑固地堅持錯誤。父母永遠高高在上，不能平等對待孩子的態度，極大地傷害了孩子的自尊心，給孩子帶來自以為是的負面態度，導致失去孩子的信任。經常反思自己的教育，勇敢而及時地承認並糾正自己的教育過錯，民主與平等地對待孩子，這才是父母教育子女明智之舉。

頑皮的孩子往往是聰明的孩子，也是容易惹禍的孩子。卡哈爾父親從兒子叛逆的個性中，經過多次嘗試，發現了他的長處，並加以悉心培養，終於使兒子成為一名傑出的醫學專家。父母對犯有過錯的孩子，絕不能因為曾經的教育失敗而對孩子失去信心。重要的是，應善於發現其優點，用心輔導培養，不斷改進並用合適的教育方法去教育孩子。

對子女教育不同調是一項常見與困難解決的家庭問題，然而維蘭德——諾貝爾化學獎得主的父母就是為克服這項難題立下成功典範。

在一個墨守成規、謹守祖業的家庭裡，維蘭德的母親能勇敢地打破傳統觀念的束縛，堅持自己正確的理念和做法，且用事實證明丈夫「深感自己不讓孩子讀書的決定是那麼的武斷和愚蠢」。之後，父母共同大力支持兒子用心學習。維蘭德母親的遠見卓識和勇氣可嘉，值得學習。

由於各種原因，父母在教育孩子的理念、目標、方法等方面不盡相同，這並不奇怪。為了更好地教育孩子，在家庭裡對孩子的教育必須要有家庭教育的主持人——父親或母親。這個主持者的確立，不是靠掌握家庭經濟大權，而是總體上看誰的教育理念、目標具有遠見卓識，教育方法比較符合子女實際需要，其他人在維護「主持人」的前提下，盡可能地協調一致，配合、互補，使家庭教育更能夠發揮應有的效能。家庭教育有「主角」、有「配角」，家庭成員協調一致，是教育孩子成功的基本原則。

如果父母在教育孩子問題上有分歧，可以暫時擱置，也不妨向專家及其他富有經驗的人請教，尋求相對正確與符合孩子的實際需要為前提，從而讓事實來驗證。若是各執己見，各行其道，且互不相讓，那麼，對於年幼的孩子來說，到底聽誰的好？這樣的家庭教育很難成功。

成功加油站——建造成就基礎

能量的需求，互動的需求以及成就的需求

一個人的生涯成就發展，需要建立在穩固的基礎上，它是個人努力打造的，而不是不勞而獲的他人施捨禮物。以最近在台灣發生富豪家族，因子孫爭奪遺產而鬧上法庭登上了媒體版面，這印證俗語說，「富不過三代」的鐵律。反之，上天是公平的提供每一位有心的父母一個公平的努力平台。

根據心理學家麥克利蘭（David C. McClelland）的「成就需要理論」，個人的生涯發展要建立在三項需求基礎上：能量的需求，互動的需求以及成就的需求。他是美國哈佛大學教授，透過對人的需求和成就動機進行研究，於二十世紀五〇年代在一系列文章中提出的。麥克利蘭把這三種需求，特別是成就需求做了深入的研究。

一，能量需求

所謂「能量需求」是指，個人能夠具有獨立自主而不受他人影響或控制的能量，甚至，包括能夠影響或控制他人。不同的人對能量的渴望程度有所不同。普通人對能量的需求，通常是以自我防衛或自我保護為主。能量需求較高的人，則對影響和控制

別人表現出很大的興趣，喜歡對別人「發號施令」，注重爭取地位和影響力。

能量需求較高者常常會表現出喜歡爭辯、健談、直率，善於提出問題和要求，喜歡教訓別人並樂於演講。他們喜歡具有競爭性和能展現較高地位的場合或情境，他們也會追求出色的成績，但他們這樣做並不像高成就需求的人那樣是為了個人的成就感，而是為了獲得地位和能量或與自己已具有的能量和地位相稱。

二，互動需求

「互動需求」是指，與他人建立友好親密人際關係的需求。互動需求就是尋求被他人喜愛和接納的一種願望。高互動需求的人更傾向於與他人進行交往，至少是為他人著想，這種交往會給他帶來愉快。高互動需求者渴望互動，喜歡合作而不是競爭的工作環境，希望彼此之間的溝通與理解，他們對環境中的人際關係更為敏感。有時，互動需求也表現為對失去某些親密關係的恐懼和對人際衝突的迴避。互動需求是保持社會交往和人際關係和諧的重要條件。

然而，對成長中的個人而言，互動能量的需求是必要的，以便與他人建立友好與親密人際關係。

三，成就需求

成就需求是指，個人希望做得最好以及爭取成功的需求。麥克利蘭認為，具有強烈的成就需求的人渴望將事情做得更為完美，提高工作效率，獲得更大的成功，他們追求的是在爭取成功的過程中克服困難、解決難題、努力奮鬥的樂趣，以及成功之後的個人的成就感，他們並不看重成功所帶來的物質獎勵。個人的成就需求與他們所處的經濟、文化、社會的發展程度有關，社會風氣也制約著人們的成就需求。

目標是成就需求的關鍵，對於成長中的人非常重要，所以他們希望得到有關工作與學習績效，從而瞭解自己是否有所進步。這就是高成就需求者往往選擇專業性職業，或者參於經營活動的原因。

命運並不存在於一時的決定中，
它建築在長時間努力的考驗和
默默無聞的工作基礎上。
這時的決定大致可靠而堅實，
因為它立足於已經取得的成績。
這些成績的取得不單來自
這個聽天由命的人辛勤的青少年時期，
而且來自他長期的艱苦勞動和耐心等待。
——羅蘭（Romain Rolland）
一九一五年諾貝爾文學獎

成長的故事——剛好有個同樣的玩伴

我不要你送我，這隻小狗和其他小狗一樣值錢

一家寵物店老闆在店門掛了張「小狗出售」的牌子。這種招牌通常很能吸引孩童的眼光，不久後，果真有一個小男孩走進店裡詢問。

「要多少錢才能買得到小狗？」

老闆回答：

「從五百元到八百元不等。」

小男孩伸手到口袋，掏出的都是零錢，他說：

「我只有三百八十元，我能看看小狗嗎？」

老闆微笑地點了點頭，然後吹了一聲口哨，這時從走道那端跑來一隻狗媽媽，後面跟了五隻毛絨絨的初生小狗，前面四隻跑起來像是會滾動的球，但最後一隻卻一跛一跛地往前進。小男孩一眼就看到這隻不良於行的小狗，他問道：

「這隻小狗怎麼啦？」

老闆解釋說，經過獸醫檢查，原來這隻小狗後腳殘缺，是一隻跛腳狗。小男孩聽

了之後興奮異常：「我就要買這隻小狗。」老闆說「這隻狗不必買，你若真想要，送你就好了。」

小男孩，語氣堅定地說：

「我不要你送我，這隻小狗和其他小狗一樣值錢，我會付足價錢買下，我現在只能給你三百八十元，以後我會給你一百八十元把錢付清。」

老闆搖了搖手：

「你何必買這隻小狗呢？牠又不能像其他小狗一樣陪你跳，陪你玩。」

這時小男孩彎下腰，拉起左邊的褲管，露出嚴重扭曲畸型的左腿，他能站著全靠金屬支架支撐。他抬頭看著老闆，輕聲地說：

我自己也跑不快，

這隻小狗正好有，

我這樣的玩伴！

第八章

困境與逆境中不乏力爭上進者

——英國的布拉格、中國的崔琦和南非的科馬克

22 穿著破皮鞋走向成功：布拉格

23 成長好推手的農村母親：崔琦

24 排解孩子的心理障礙：科馬克

搖籃與推手——貧窮，農婦與心理障礙

成功加油站——排除成功的障礙

成長的故事——平凡人和成功者

科學家想要發揮獨創性確實是一件相當困難的事。
能夠做到這一點的人也屈指可數……
即使失敗一百次，還要堅持做，
在那種反覆失敗的過程中尋求某些成功的機會。
——湯川秀樹一九四九年諾貝爾物理學獎

22 穿著破皮鞋走向成功

一九一五年諾貝爾物理學獎得主布拉格

威廉．亨利．布拉格（William Henry Bragg）英國人一八六二年七月二日生於英國坎伯蘭的威格頓，一九四二年三月十二日於倫敦去世，享年八十歲。一九一五年與他的兒子勞倫斯．布拉格（William Lawrence Bragg）共同獲得諾貝爾物理學獎。

布拉格一八六二年七月二日，出生於英格蘭西部的坎伯蘭。他的家境十分貧苦，父母為了供養他讀書，非常省吃儉用。布拉格深感學習機會來之不易，倍加珍惜，勤奮刻苦，學習成績始終名列前茅，因此，他在中學畢業時被保送進了威廉皇家學院。

在這所學院就讀的大多是貴族子弟，他們衣著考究，出手闊綽，而亨利．布拉格是個十足的鄉下孩子，破衣爛衫，腳上穿一雙大得出奇的破舊皮鞋。他的這套濫褸奇特的裝束自然成了這些富家子弟的取笑對象，經常把布拉格當作笑料，諷刺與挖苦他。面對種種非議、鄙視的眼光以及人格的侮辱，布拉格有時真忍不住想衝上去狠狠地教訓他們一頓，可是他卻忍住了。

儘管布拉格不招惹別人，小心處事，但麻煩還是找上了他。有人說他是小偷，腳下那雙又大又破的皮鞋就是偷來的。學校當局知道後，立即找亨利．布拉格談話。在學監辦公室裡，那位素以嚴格出名的老學監威嚴地站著，雙唇緊閉，臉色鐵青，那雙銳利、審視的眼睛緊緊地盯著布拉格，盯著那雙破舊的大皮鞋。布拉格默默地走上前，右手從懷裡掏出一張已經折得起毛的紙片遞給學監。學監看著紙片上的文字，那是布拉格的父親寫給他的一封信，信上寫著這樣一段話：

「兒子，我很抱歉，但願再過一兩年，我的這雙破皮鞋，你穿在腳上不再嫌大，我抱著這樣的希望：有朝一日你有了成就，我將引以為榮，因為我的兒子是穿著我的破皮鞋努力奮鬥成功的……。」

學監的臉色隨著目光在紙片上移動，愈來愈祥和，最後，這位學監慈祥地看著布拉格，懷著歉疚的心情，輕輕地拍拍他的肩膀。而一直蒙受著屈辱的布拉格，此時再也忍不住放聲大哭起來，他用那傷心的淚水來沖刷長期鬱積在心中的屈辱。他並沒有動手揍那些羞辱他的人，而是用事實證明自己的清白，維護了自己的尊嚴。同時，他也取得了以嚴格出名老學監的認同。

貧窮和淩辱並沒有使布拉格倒下，他更堅毅學習，立志要為窮人的孩子爭口氣。布拉格在威廉皇家學院刻苦努力，取得了優異成績，贏得了尊重，被學校保送進劍橋大學三一學院攻讀數學，並在卡文迪許實驗室學習物理學。在劍橋深造期間，布拉格參加年度數理比賽，總是名列榜首。這種好學、善於思考的精神，為他今後取得諾貝爾物理學獎最高榮譽奠定了基礎。

布拉格對於放射性的特性的認識，貢獻頗大。一九一二年，他與兒子最先利用勞厄發現的X射線的衍射現象研究了晶體的結構，用實驗證明了晶體結構的週期性，並推出了著名的「布拉格關係」。一九一五年，他發明了X射線分光計，用它可以研究X射線的譜分佈以及波長、普朗克常數、發射體的原子量和吸收體的原子量等之間的關係。

亨利．布拉格在英國科學界極負盛名，一生獲得過十六項榮譽博士學位，並被世界許多國家，如美國、法國、荷蘭等授予外籍院士稱號，尊稱威廉．亨利．布拉格爵士（Sir William Henry Bragg）。一九一五年與兒子勞倫斯．布拉格一起獲得諾貝爾物理學獎，時年五十三歲。

23

成長好推手的農村母親

一九九八年諾貝爾物理學獎得主崔琦

崔琦一九三九年二月二十八日出生於中國，現年八十歲，目前在美國居住。他「發現一種帶有分數帶電激發的新的量子流體形式」與霍埃斯特·斯脫爾瑪（Horst L. Störmer）、羅伯特·勞夫林（Robert B. Laughlin）共同獲得一九九八年諾貝爾物理學獎。

崔琦一九三九年出生在中國河南范莊，寶豐縣城外的一個小農村，他的父母都是農民。他一九四九年從新寶鎮石橋區高皇廟高小畢業，但是當地沒有中學，崔琦只好輟學在家。在此期間，他和大姐一起在范莊村婦女識字班教書，受到學員的歡迎和好評。同時，他還積極參加當時的演藝活動，並領著村子裡的「花棍隊」參加當地流行的民間傳統活動奪得全區「打花棍」比賽的第一名。

兩年過去了，當地依然沒有成立中學，崔琦的母親心中十分焦急。一九五一年母親毅然決定讓崔琦到外地讀書。但崔崎是家裡唯一的男孩，父親認為再過幾年他就可以分擔農務了，想要讓他留在家中務農。儘管生活艱苦，母親，這位有遠見的農婦，還是為孩子的前途著想，執意要送他去繼續讀書。

一九五一年秋天，三姐帶著崔琦去找北京的大姐，然後在三舅和已在香港定居兩年的二姐幫助下，姐弟倆通過合法手續抵達香港，崔琦隨即進入香港培正中學讀書。母親的堅持對崔琦一生的發展發揮了決定性的作用，可謂是他命運的轉捩點。

在香港讀書期間，崔琦由於廣東話語言及生活艱難等諸多原因，非常想念母親，兩次寫信要求回老家。母親收到信後，堅定地鼓勵崔琦，好好讀書求學才是對父母親最大的安慰。於是，崔琦繼續留在香港，刻苦認真讀書，中學每年獲得全額獎學金，再加上為人謙恭，極獲師長們的喜愛。一九五八年獲得美國全額獎學金資助，進入伊利諾州的一所教會學校就讀。

此時，他的父親已身患重病，長期臥床不起。但母親為了兒子的學業，始終對他隱瞞這件事，直到一九五九年夏天父親去世，母親都沒對他透露此消息。在這之後的九年間，母親不管自己受多大的苦，甚至八十一歲高齡時，仍住在農村茅草房，都生怕耽誤兒子的學業，只報喜不報憂。一九六七年，崔琦在芝加哥大學獲物理學博士學位。隔年母親去世時，只有大女兒一個人守在她身邊，這也成為崔琦一生的最大遺憾。

回顧崔琦童年時候，就聰明過人與多才多藝。在很小的時候因為能寫會算，文化大革命村子裡分地時，大人帶著他一起前往，無論三角形、菱形、甚至畸形地都難不倒他。當時有個方圓幾十里有名的老會計，故意找了一塊特殊不規則三角形畸零地塊來為難他。然而，等所有資料測量好之後，崔琦也同時報出正確的答案，令眾人驚訝不已。

受教於崔琦的普林斯頓大學學生認為，他思維敏銳，為人隨和，但對學生要求非常嚴格，在師生中有著極高的威望。崔琦在一九九八年諾貝爾物理學獎得獎後，像往常一樣來到學校。學生形容：

「當大家向他祝賀時，他像平常那樣微笑答謝，以平常心看待自己的非凡成就。」

崔琦在一九六七年獲芝加哥大學物理學博士學位，一九六八年加入在紐澤西的貝爾實驗室研究工作，一九八二年轉到普林斯頓大學任電氣工程系教授，他在一九九八年獲得諾貝爾物理學獎。

24 排解孩子的心理障礙

一九七九年諾貝爾生理學或醫學獎得主科馬克

阿倫．麥克勞德．科馬克（Allan MacLeod Cormack）南非人，一九二四年二月二十三日生於南非的約翰內斯堡。「因為發明電子計算機操縱的X射線斷層照相診斷技術」，與豪斯菲爾德（Godfrey Hounsfield）共同獲得一九七九年諾貝爾生理學或醫學獎，年五十五歲。

科馬克的父親是一名南非郵電局的電信工程師，母親是一名教師，他們都是來自英國北部蘇格蘭的移民。他們有三個兒子，科馬克最小，這是一個和睦的家庭。不幸的是在科馬克六歲那年，父親得了肺炎。在那個年代，肺炎像癌症一樣可怕。父親雖然僥倖免於一死，但大病過後體力大不如前，終於在科馬克十二歲那年一病不起，離開了人世。

小科馬克本是一個活潑的孩子，突然失去了可親可敬的父親，他接受不了這個現實，心頭蒙上了一層厚厚的陰雲，變得沉默不語。父親去世後，母親帶著三個兒子離開自己的家鄉，來到開普敦定居。開普敦的景色十分優美壯麗，是世界上最美的城市之一，度假的好地方，但剛剛失去父親的科馬克還沒有從痛苦中解脫出來，哪有心思去欣賞美景，整天悶悶不樂，臉上沒有一絲笑容。他產生了嚴重的心理障礙，對外界有一種莫名其妙的恐懼，害怕接觸陌生人，躲在家裡不出門，既不肯上學，也不與鄰居的孩子玩。

科馬克的母親非常堅強，她把喪夫之痛深深地埋藏在心裡，心想，這個家絕對不能垮。當教師的母親所賺的錢不多，丈夫也沒有留下多少積蓄，但為了讓孩子，特別是最小的科馬克儘快從失去父親的痛苦中擺脫出來，她帶著三個孩子回到了自己的家鄉——蘇格蘭旅行。

旅途十分漫長，也很疲勞。但旅途中觀賞了壯麗的大海和蘇格蘭優美的風光，打開了科馬克緊閉的心扉，而家鄉人的殷殷親情和純樸的民風，更溫暖了科馬克幼小的心靈。旅途中母親最常說的一句話是：

「你們一定要樂觀，要認為自己是世上最幸福的人。」

母親讓科馬克明白了一個道理：

「在人的一生中，免不了會遇到痛苦和打擊，但應該時時樂觀、勇敢地面對生活。」

母親的一片苦心沒有白費，這次旅行幫助科馬克克服了心理障礙。不久之後，一家人回到了南非開普敦，科馬克變得活潑開朗了。

在學校愉快的生活中，他很快忘卻了失去父親的痛苦，男孩子調皮的天性也漸漸顯露出來了。輕鬆愉快的學校生活使科馬克的個性完全釋放了出來。憑著自己堅強樂觀的性格，科馬克一九四四年在開普敦大學畢業後，繼續在該校和劍橋大學深造，從事物理學研究，並取得了很大的成就。

世界上有很多堅強樂觀的人，他們心裡承受著巨大的痛苦，但他們都很樂觀。科馬克就是其中的一個。他有一個不快樂的童年，心裡有很多的痛苦。科馬克的母親非常堅強，她把喪夫之痛深深地埋藏在心裡。她要讓孩子們明白：

「沒有父親的日子，他們照樣能過得很好。」

搖籃與推手——貧窮，農婦與心理障礙

「有朝一日，你有了成就，我將引以為榮。」

「貧窮孩子的成就力量」這個案例述說，一位貧窮家庭出身的孩子，如何在成長道路上，面對他人的歧視與羞辱，終於靠著父親所留下一封鼓勵信件而邁向成功的感人故事。

身穿破爛衣衫、腳穿一雙大得出奇的破皮鞋，鄉下小子布拉格在權都是富家子弟的威廉皇家學院讀書時，受到鄙視、諷刺、挖苦和各種人格侮辱，這種惡劣的求學環境實在讓常人難以忍受。可喜的是，布拉格在富家子弟面前並不自卑。

貧窮不是一種罪過，而是一筆不可多得的寶貴財富。一個貧窮出身的人，經歷一般人所沒有經歷過的苦難，那麼，這段苦難經歷考驗著其心理承受力，可以使人勵志，令人奮發向上。樸實的布拉格父親，深知「窮則思變」的哲理，同時有著一股強烈改變現實的翻身欲望，因此，他對兒子充滿了信心和希望。他用書信這種特殊而行之有效的教育方式，教育兒子自信、自強、奮鬥不止，終於獲得了成功。布拉格父親不愧為一位令人肅然起敬的長者。

據統計，在諾貝爾獎獲得者中，有三分之一以上的人出身於貧困家庭。在當今社會，相當一部分能夠創新，有突出貢獻的科學家、企業家和政治家也有不少人從貧困的社會底層走來，例如，台塑創辦人王永慶與王永在兄弟、美國的林肯總統、蘋果創辦人賈伯斯等等。

進一步來說，「貧困不但不是一種罪過，而是一筆不可多得的寶貴財富」，這一哲理的正確性再次得到印證。然而，目前也有不少仍然屬於貧困階段的家庭，有的自己不夠努力，在子女面前經常地埋怨，消極怠惰，不思進取，當然對子女只會帶來負面影響。

再者，目前有不少父母，為了不讓孩子在他人面前顯得「低人一等」，對孩子物質要求「有求必應」，甚至超越家庭經濟承受力，致使孩子的虛榮心逐年遞增，結果導致事與願違，為孩子今後的心理健康成長埋下禍根。對任何一個家庭來說，不管是富裕還是貧窮，教育孩子始終充滿自信，日思進取，不畏艱難，奮鬥向上，提升人格遠比物質上的簡單滿足更重要。這樣的教訓值得父母引以為戒。布拉格——貧窮孩子的成就力量來自父親的遺言：

「有朝一日，你有了成就，我將引以為榮。」

崔琦的母親是擁有遠見卓識的農村母親，幫助兒子向科學界的巔峰——諾貝爾

獎，邁出了第一步。並在關鍵時刻，堅定他的信念，給予精神上的支持。崔琦在獲諾貝爾提名後提到：

「自已選擇教育工作，少年時期所受的影響。……培正中學的老師們，或許不是最好的老師，但他們的智慧及眼光啟發了學子，在最富商業氣息的城市（香港）中，教導我們不以金錢價值來衡量事物、並擴展人類知識領域，為對智慧的回饋與挑戰……我心中有一個聲音，唯一有意義的生命是學習的生命；而還有什麼比透過教學相長的學習更好的呢？」

從崔琦的成長歷程中，我們可以得到三項重要的啟示：

第一，孩子的學識、成就並不與父母的教育水準成正比，目不識丁的父母照樣能教育出傑出的孩子。

第二，孩子年幼時，對自己的前途並沒有明確的想法，所以，明智的父母應該有高瞻遠矚的目標，不能只圖短利而耽誤孩子的前程。

第三，培養孩子的自信心，才能夠不自卑。更重要的事，在成就之後，能夠保持一貫的謙虛態度。

正是崔琦母親「知識改變命運」的堅定信念，給了崔琦最初的人生啟蒙。母親看出他的天賦、執意要讓他走向科學研究的道路。母親與人為善的個性，讓成功後的兒子時刻保持謙虛、謹慎為學的作風。

「排解孩子心理障礙」這個案例，記錄一個活潑的孩子，在突然失去了可親可敬的父親，導致心理障礙，然後如何在母親的輔導下，邁向成功的故事。

孩子在成長過程中會遇到各種挫折，受到來自親人傷亡、父母離異、本人病痛、學習成績排名、升學考試、人際關係、不良同伴威逼等各種壓力，因而會產生一些心理問題。幸運的是科馬克有一位善解人意的好母親，她不僅重視兒子的心理問題，而且善於與兒子溝通，及時對兒子進行性格教育，並採取有效的心理引導技巧，矯治兒子的心理障礙。不然的話，科馬克有可能是另外一種人生。

人是具有複雜心理機制的生命體。每個孩子或多或少有一些心理問題。但有些父母認為：小孩子會有什麼心理問題？這種認識顯然是錯誤的。據統計，現在有心理障礙的青少年約占百分之十五左右。孩子的心理障礙如果不及時排解、矯治，則會發展成心理疾病，嚴重的會導致心理變態，形成反社會人格，甚至自殺，這絕非危言聳聽。因此，任何時候父母都要注意孩子的心理變化，並重視孩子的心理教育。

父母如何對孩子進行心理教育？

第一，經常與孩子保持密切溝通，及時瞭解、掌握孩子心理問題所在，以便隨時進行疏導。

第二，孩子一旦有了心理障礙，父母可藉助學校老師或與其親近的同學、朋友，尋找原因，努力排解。

第三，倘若難以矯治孩子的心理障礙，父母切勿諱疾忌醫，應及時送心理門診就醫，通過藥物並輔以心理疏導、行為治療以及音樂等方法進行綜合治療。

第四，平時維護孩子心理健康，比事後的處理更為重要。科馬克的案例是證據，一般來說會收到良好效果。

不重視孩子的心理問題是錯誤的，對孩子的心理問題過度緊張、惶恐不安也沒有必要。解決孩子心理障礙最重要的是：父母要善解人意，為孩子營造一個始終讓人感到溫馨、愉悅的環境。

成功加油站──排除成功的障礙

小事和空洞的批評能佔據孩子的頭腦，使他們無法有成功

成功不是天生的，孩子也不一定生下來就具備看到機會和光明未來的能力。成功是一種可以培養出來的本領，反之，這種本領也可能被壓抑。因此，必須排除發揮本領與邁向成功的障礙。下列是孩子可能受到限制的五種情況：

一，過去經歷的障礙

過去的經歷最可能限制孩子們的成功。人們常常以過去的成敗來看將來的機會。如果孩子的早期生活環境特別艱難，確實得加倍努力，才可以看到將來的前途。

從大自然中可以找到一個極好的例子，說明過去經驗是怎樣影響一個人的。這個例子就在跳蚤訓練試驗裡獲得驗證。話說，美國心理學家曾經用跳蚤訓練來實驗能力與經驗的關係，而實驗的結果可以應用在人類身上。

當訓練跳蚤時，把它們放在廣口瓶中，用透明的蓋子蓋上。這時跳蚤會跳起來，撞到蓋子，而且是一再地撞到蓋子，當你注視牠們跳起並撞到蓋子的時候，你會注意

到一些有趣的事情；跳蚤會繼續跳，但是，不再跳到足以撞到蓋子的高度。然後，你拿掉蓋子，雖然跳蚤繼續在跳；但不會跳出廣口瓶以外。這些極小的昆蟲能跳得很高，但是，不會超出一個預定的限度。每隻跳蚤似乎都默認一個看不見的最高限度。你知道這些跳蚤為什麼會限制自己跳的高度嗎？

跳蚤因為過去的經驗使跳蚤懂得，牠們是跳不出去的。這些跳蚤成了自我限制的犧牲品。個人的成長與發展也是這樣的，如果一個孩子認定自己不能有所成就，他就局限了自己的願景。父母親要動腦筋，幫助孩子設定偉大的理想，不要關閉孩子的潛力。

二，壓力產生的障礙

有個老故事說的是：父子倆趕著驢子去到了集市買農產品。起初父親騎驢，兒子走路。路人看見他們經過，就說：

「真狠心哪！一個強壯的漢子坐在驢背上，那可憐的小孩卻要步行」。

於是父親下來，兒子上去。可是人們又說：

「真不孝順呀！父親走路，兒子騎驢」。

於是父子兩人一齊騎上去。這時路人說：

「真殘忍呀！兩個人騎在那可憐的驢背上」。

於是兩人都下來走路。路人說：

「真愚蠢呀！這兩個人步行，那隻壯實的驢子卻沒有東西馱」。

最後，當他們到達集市時整整遲到了一天。人們驚訝地發現，那人與他兒子一起抬著那隻驢子來到了市集！像這個趕驢子的人一樣，我們也會因為過分擔心所受到的壓力而看不清方向，忘記了自己的目標。心理學家告訴我們：

「小事和空洞的批評能佔據孩子的頭腦，使他們無法有成功。不要讓這種情況發生在你孩子身上。」

三，問題限制成功

要敢於夢想——不管有什麼問題、逆境和障礙。歷史上有無數傑出的男女都曾面對問題但取得成就。例如，古希臘最偉大的演說家德漠克利特就有口吃的毛病！他第二次發表演說時，被聽眾的哄笑聲轟下了台。但是他預見到自己能成為偉大的演說家。據說，他常常把鵝卵石放進嘴裡，在海邊對著拍岸的浪花演說。

此外，還有其他人都透過努力實現了自己的理想：凱撒患有癲癇病，但是他當上了將軍，後來又成為古羅馬共和國末期的皇帝。拿破崙出身低微，也成了法國皇帝；貝多芬耳聾了以後，還創作交響樂，他把自己對音樂的理想變成現實，成為偉大作曲家；狄更斯受自己的理想鼓舞而成了英國維多利亞時代最偉大的小說家——儘管他是個身障者，在貧困中長大。

人人都有各自的大小問題。有些是生來就有的缺點，也有些問題是父母或孩子自己招來的。但是，無論是什麼人，都不要讓這些問題毀掉了孩子的成功機會。

四，缺乏洞察力的限制

洞察力（Insight）對於成功是至關重要的。說到底，成功就是在人生的巨大畫面中看到、想到當前的情景與未來的前景。你聽說過英國倫敦《泰晤士報》老闆兼主編諾斯克利夫勳爵的故事嗎？

諾斯克利夫曾受到完全失明的威脅。可是當眼科專家給他檢查時，卻沒有發現任何問題。弄清楚他的工作方式之後，專家認為他要改變一下視角，多看遠處的物體。他閱讀細小的印刷字樣和看近距離的東西太多了。專家建議諾斯克利夫勳爵離開他的工作環境，到鄉下去生活一段時間，在那裡可以看到廣闊的大自然。這個簡單的方法矯正了諾斯克利夫勳爵的視力，也讓他後半段的生涯更美好。

正如一位智者所說：

只有看到別人看不見的事物的人，

才能做到別人做不到的事情。

五，滿足現況的障礙

何時、何地以何種方式開始孩子的一生，這是無法選擇的。孩子們生下來就處於一種身不由己的環境中。但隨著年歲增長，我們的選擇就越來越多。長大後可以選擇在哪裡居住，跟誰結婚，做什麼工作。人們可以選擇人生的方向，年紀越大的人，就要做出越多的人生選擇，就越應該為自己的處境負責。

許多父母不是這樣想的，他們認為目前的處境決定了孩子的命運。他們向環境屈服，覺得沒有別的選擇，請別掉進這個陷阱裡。幾百年前，這種觀點也許是對的，現在不對了。如果我們希望孩子有要做成一件事的強烈的願望，並樂意為之付出代價的話，幾乎沒有事情是不可能的。無論孩子目前的學習成績多麼低落，別讓它剝奪了他的成功機會。要有偉大的理想。一位智者曾說：

人生在世，
最緊要的不是我們所處的位置，
而是我們活動的方向。

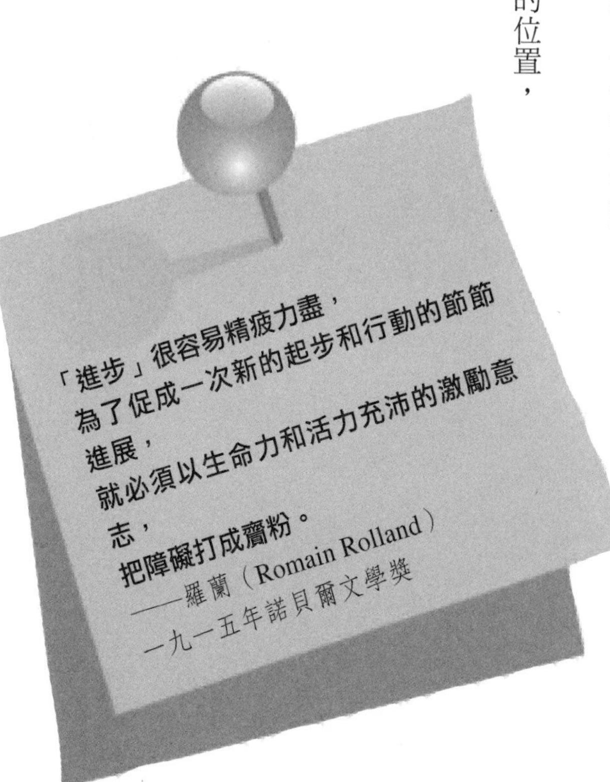

成長的故事——平凡人和成功者

我父母總是這樣教導我：你殘障的程度取決於你如何看待自己的殘障

記得，有一位智者曾經指出，平凡人和成功者最基本的差別，在於：

成功者把每件事當成挑戰，

而平凡人把一件事，

不是當成祝福，就是當成咀咒。

除了兩隻手和一隻腿外，羅吉．克勞福具備所有可以打網球的條件。羅吉的父母親第一次看到兒子時，右前臂直接突出一個像姆指的東西，左前臂則突出一隻姆指和一根手指。他沒有手掌，手腳都縮短了，已萎縮的右腳只有三個腳指，已乾枯的左腳後來也被鋸斷了。醫生說，羅吉得了一種新生兒罕見的無指症，在美國出生的小孩，九萬個當中可能只有一個會得這種病。醫生說，羅吉可能永遠無法走路或照顧自己。還好羅吉的父母不相信這位醫生所說的話。後來羅吉回憶著說；

「我父母總是這樣教導我——你殘障的程度取決於你如何看待自己的殘障。他們從不允許我為自己感到難過或因自己殘障就去佔別人便宜。」

羅吉的父親一直都鼓勵羅吉運動，他教羅吉如何打排球，也在羅吉放學後，在後院教他打橄欖球。羅吉十二歲時，便在學校的橄欖球隊佔有一席之地。

每場比賽之前，羅吉會在腦海中想像他得分的美夢，然後有一天他真的逮到機會了：球落到他手臂上，他用義肢盡其所能地向得分線奔去，他的教練和隊友都瘋狂地歡呼，但有一個敵隊的球員在十碼線上追上了羅吉，他緊緊抓住羅吉的左腳，羅吉試著要抽出他的義肢，但相反地義肢卻被拔下來了！羅吉回憶道：

「我那時還站著，不知道該怎麼辦，所以我就開始往得分線跳過去，裁判也跑過來，他的手在空中大力一揮，得分！你知道嗎？甚至還有比這更精采的，那就是拿著我義肢的小球員臉上所露出的表情。」

羅吉對運動的熱愛與日俱增，自信心也漸增，但羅吉的決心也無法克服所有困難，在餐廳吃午飯時，就讓羅吉覺得非常痛苦，因為其他的小孩看到他吃飯的笨拙模樣；打字課老是不及格，也帶給羅吉同樣的困擾。羅吉說：

「我從打字課學到了一個很好的教訓，那就是你不可能每件事都會，最好的方式是，把注意力集中在你所能做的事上。」

羅吉每天都去練習，不久之後就開始參加比賽，當然也屢嚐敗績。但羅吉持續堅持，他一再地練習，一再地參加比賽，不久他就開始贏球了！後來羅吉繼續向大專杯進軍，終其網球生涯，他獲勝二十二次，輸了十一次。他後來變成第一個被美國職業網球協會認可成為專業教練的殘障網球選手。現在羅吉巡迴全美，向不同的團體宣傳他的成長經驗。

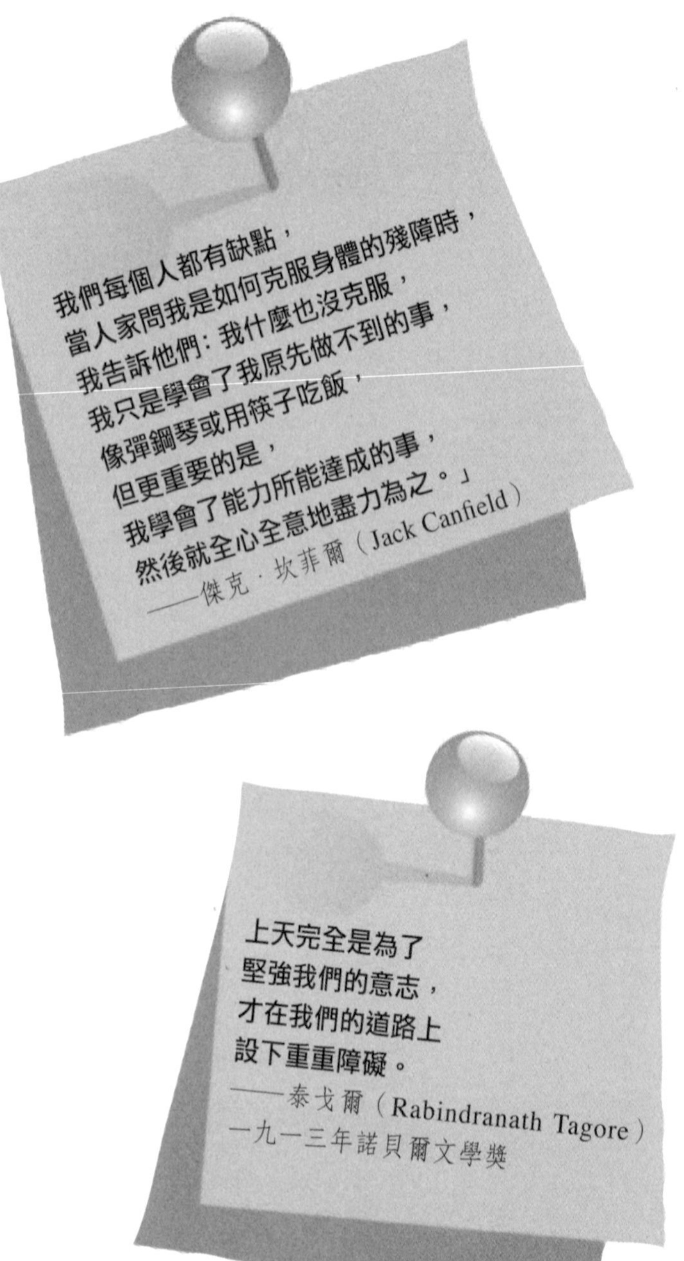

第九章

單親、失親的行與思

——奧地利的普雷格爾、法國的沙特和日本的川端康成

搖籃與推手——單親，孤兒與隔代教養

成功加油站——不回頭才爬得高

成長的故事——為成就自己鋪路

只要堅持不懈，
期待中的答覆便會冒出來
——莫里亞克（Francois Msriac）一九五二年諾貝爾文學獎

25 單親家庭的親職教育
一九二三年諾貝爾化學獎得主普雷格爾

弗里茨．普雷格爾（Fritz Pregl）奧地利人一八六九年九月三日生於奧地利萊巴赫，一九三〇年十二月十三日卒於奧地利格拉茨，享年六十一歲。他「由於發明對有機物進行微量分析的方法」，獲一九二三年諾貝爾化學獎，時年五十四歲。

普雷格爾的父親很早就去世，由母親扶養長大，她對這個獨生子十分疼愛。隨著小普雷格爾漸漸長大，媽媽認識到可愛的小普雷格爾在自己的疼愛下竟越來越任性，常與其他孩子一起淘氣闖禍。他對學習不感興趣，而對體育運動著迷，他的理想是長大以後成為一名體育健將。這與她對兒子向學術發展的期待有很大的落差。

小普雷格爾常常在教室上課，心卻在操場上。由於常與其他孩子一起淘氣闖禍，在鄰里的抱怨聲中，單親媽媽常背著小普雷格爾偷偷地落淚，為自己沒有好好教育孩子而感到難過。

終於有一次她下決心要好好地教訓他一下。

有一天，小普雷格爾像往常一樣，很晚才回家，衣服上沾滿了五顏六色的髒東西，臉上、手上都是泥巴。他一屁股坐在沙發上對正在廚房裡做家務的媽媽喊：

「媽媽，給我來杯水，我渴死了。」

媽媽一邊工作一邊說。

「水在桌子上，自己動手。」

小普雷格爾躺在沙發上一動不動地說。

「不行，媽媽過來幫我。」

媽媽從廚房中走出來。

「天哪！小普雷格爾，你又幹什麼去了，搞得這麼髒，要知道，媽媽剛給你洗完早上換下的衣服。天越來越冷了，水就更冷了……。」

小普雷格爾回答。

「每個人的媽媽都是在家洗衣服的，那也沒什麼。」

看著小普雷格爾一臉無所謂的樣子，媽媽氣得說不出話來。她脫下小普雷格爾的髒衣服，又回廚房做家務了。可憐的媽媽又在偷偷地落淚。然而，小普雷格爾玩累後，在沙發上睡著了。

疲憊的媽媽叫醒了小普雷格爾準備吃晚飯時，門鈴突然響了起來。

「噢！伍德太太，有什麼事嗎？」

媽媽站在門口和氣地說。

「來，湯姆，站在媽媽前面，讓小普雷格爾的媽媽看看她那淘氣的孩子對你做了什麼？」

鄰居伍德太太從身後拉出躲在身後的兒子，生氣地對小普雷格爾的媽媽說。

「小湯姆，告訴小普雷格爾媽媽發生了什麼事。」

媽媽拉著小湯姆的手走進客廳，伍德太太也隨後跟了進來。

「媽媽，他們來幹什麼？」

小普雷格爾對媽媽說。

「噢！湯姆帶著你媽媽來告狀了，告訴你，就是你媽媽我也不怕！下次你再說，我還揍你。」

小普雷格爾站在餐桌前說。

「天哪！這就是妳的孩子嗎！」

伍德太太叫了起來。

「十分抱歉，普雷格爾太沒禮貌了。普雷格爾，過來，站到媽媽這兒來。」

小普雷格爾不滿地對湯姆說。

「下次你小心點。」

湯姆對自己的母親伍德太太輕聲喊了聲。

「媽媽。」

伍德太太冷冷地說。

「噢！沒有父親管教的孩子就是這樣的嗎？」

媽媽再也無法容忍了，她拉過小普雷格爾揚手打了他一個巴掌，小普雷格爾用牙咬著嘴唇，瞪著眼睛對媽媽說：

「是湯姆先罵我是個沒有爸爸的野孩子，我才打了他的。」

淚水在小普雷格爾的眼睛裡滾動著。

伍德太太和湯姆看見小普雷格爾的媽媽打了他，也有些不好意思了。

「媽媽，因為湯姆說我是個沒有爸爸的孩子，是個野孩子，但這不是事實，爸爸在上帝那兒，對不對？」

小普雷格爾委屈著向媽媽申訴。

「對，普雷格爾的爸爸在上帝那兒。」

媽媽眼睛也紅了。

伍德太太此時更覺得過意不去。

「對不起，我不知道湯姆對小普雷格爾說了如此不堪的話。湯姆，過來，向小普雷格爾和媽媽道歉。」

「不、不，伍德太太，小普雷格爾打了湯姆是我管教不嚴的結果。湯姆，記住下次小普雷格爾再做錯事一定要對媽媽說。」

小普雷格爾的媽媽撫摸著湯姆的頭和藹地說。

「真不好意思……，我帶湯姆先走了。」

伍德太太帶著湯姆離開了。

屋子裡靜悄悄的。小普雷格爾站在母親面前輕輕地抽泣著，時間一分一秒地過去。

「孩子，坐在媽媽身邊。」

小普雷格爾走過去坐下。

「孩子，看看媽媽的手，你爸爸很早就離開了我們，他在世時對我說，要我好好教育你，為了你能和其他孩子一樣快樂、幸福地生活，媽媽拚命地工作賺錢，手上都長滿了繭，回到家也從未好好休息過。而你呢！以前還小，不懂事，媽媽也從沒打過你，現在你已經上學了，還讓媽媽這麼操心，太讓媽媽傷心了……。」

媽媽一邊說一邊流下了眼淚。

小普雷格爾看著媽媽的手，羞愧地低下了頭。他聽著媽媽的話，想起以前自己是多麼淘氣、多麼使媽媽傷心，眼淚就流了下來。

「你是個男孩子，要明白一個優秀的男孩子不僅自己要成為一個不輕易落淚的，堅強的人，而且也應該使媽媽不傷心難過才對。孩子，媽媽今天和你說這些話，是把你當作一個懂事的男孩，希望你能理解媽媽的用心。」

小普雷格爾握著媽媽的手，用堅定的眼神看著媽媽的臉，點點頭：「媽媽，我以後一定好好學習，不淘氣，不惹你傷心，做一個優秀的男孩子。總有一天，你會因為有我這樣的孩子而感到驕傲。」

普雷格爾十五歲那年，考入了體育學院專攻體育。他抱著一心想成為創紀錄的體育明星的願望，接連兩次參加了奧地利全國運動會。令人失望的是，他不僅沒有創紀錄，而且連前幾名也沒拿到。這重重地打擊了他。自此以後，他非常苦悶。一八八七年，普雷格爾回到了奧地利，寄居在外婆家上學，主修化學。人們都說他是一個「無聊的大孩子」。還有人對他改行學化學持懷疑態度，甚至諷刺挖苦他。

雖然如此，普雷格爾卻並沒有被失敗打倒，他想起了母親，也想起了兒時的往事。特別湯姆帶著他媽媽伍德太太來家裡投訴那一幕，看媽媽含著淚水的眼神，摸著媽媽拚命地幫別人工作長滿了繭的雙手，更記得對母親的承諾。於是，普雷格爾一切從頭開始，刻苦學習，終於被格拉茨大學醫學院錄取。最後，在一八九四年獲得了醫學博士學位。

普雷格爾早期從事生物化學研究，感到生物化學研究之所以緩慢，是因為缺乏精確、迅速的微量分析方法，因此，他把注意力轉向研製標準燃燒分析方法，以進行毫克量物質的精確分析，並研製出一種微量天秤和多種微型儀器，這是一項重要的突破。微量分析法的使用，使生物化學的許多領域的發展成為可能。普雷格爾在醫學化學上也有許多發明。他研製的藥物有的仍被現在的醫生們使用。

一九二三年普雷格爾獲得了舉世聞名的諾貝爾化學獎。他終於兌現了自己對母親的諾言：「媽媽，我以後一定好好學習，……總有一天，你會因為有我這樣的孩子而感到驕傲。」

普雷格爾的母親，這位單親媽媽，看著從一個淘氣孩子，在經過了許多挫折與失敗，終於有成功的這一天……。為此，她落下了幸福而驕傲的眼淚。

26 外祖父適當關愛與助力

一九六四年諾貝爾文學獎得主沙特

尚—保羅．沙特（Jean-Paul Sartre，或讓—保羅．沙特）法國人，一九〇五—一九八〇）。因為他豐富的創作、思想，充滿對自由與真理的追求精神，以及在各種文體之間頻繁自如的跳躍，特別是其著作《嘔吐》（或譯作噁心）一書而獲得一九六四年諾貝爾文學獎，但是他主動回絕該獎項，成為第一位拒絕領獎的諾貝爾獎得主。

沙特於一九〇五年六月二十一日生於法國巴黎的富裕階層家庭。父親是海軍工程師，在沙特一歲零三個月時去世。母親在丈夫去世後小沙特就跟隨母親改嫁。此後，他與繼父的關係一直相當緊張。迫於無奈，母親只好把沙特送到外祖父那裡去。如果說繼父是沙特童年時代的噩夢的話，外祖父則代表了一個孩子童年時代所應該有的鮮花和蛋糕。可以說，外祖父是沙特成長與成功的推手。

四歲時，沙特由於角膜問題導致右眼斜視，這使得他的相貌看來有些奇異。在祖父家裡的知識氣氛讓沙特在寫作和文學上受益很多。沙特最初在蒙田公立學校上學，但以基礎太差而被要求重讀。外祖父則讓他退了學，請老師在家給他上課，這使得沙特接觸同年齡層的人推遲了幾年。

沙特的外祖父是一位德高望重的德語教授。他對沙特非常疼愛，儘管他十分同情這個小外孫的遭遇，深深愛著這個小外孫，但是絕對不溺愛他，嚴格要求，絕不放鬆。外祖父學識淵博，在沙特幼年就開始對他進行文學啟蒙，經常跟沙特一起閱讀優美的散文和詩歌，培養了沙特對文學的興趣。

十歲時沙特進入巴黎亨利四世公立學校，後來轉到了拉羅舍爾公立學校，三年後，他又隨外祖父重新就讀亨利四世學校。在就讀了兩年後，家人讓他轉到了文科預備班較好的路易大帝學校。不久沙特考上了巴黎高等師範學校攻讀哲學。在這段期間，沙特讀了笛卡爾、康德、柏拉圖等人的主要著作，這對他後來有很大的影響。

巴黎高等師範學校每年有戲劇演出活動，這使沙特開始對戲劇的興趣，並經常參與相關的活動。同時，沙特開始練習學寫劇本，他終於完成了一部獨幕劇《我將有一個好的葬禮》。

沙特十五歲那年，就已經頗有大師的風格，他對外祖父表示以後要當一個大作家，而且絕對不去歌頌那些上流社會的人，而是要專門為社會下層人民寫作。外祖父聽了以後讚許地點頭，並教導沙特：

「寫作應該忠實於自己的內心，不要為了迎合社會的時尚而寫作，那樣的寫作是荒謬的。」

外祖父的這一席話對沙特產生了非常深刻的影響。沙特十八歲時，在外祖父的鼓勵下，發表了處女作《病態天使》。這篇小說雖然稍嫌稚嫩，但對於一個高中生來說，已經非常難得，沙特的外祖父仍然給他鼓勵。從此以後，沙特正式走上了文學創作的道路。值得一提的是，沙特在得知自己獲得了諾貝爾文學獎之後，斷然拒絕。他在聲明中說：

「我拒絕一切來自官方的榮譽。」

沙特的寫作僅僅忠於自己的內心世界，而不是為了獲得榮譽，或者像其他作家一樣為了獲得不朽的名聲。這些對其他人來說，都是很難理解的。沙特的確是一位特立獨行的知識份子，他身上所表現出的那種極為強烈的正義感，直到今日都仍深深震撼、感染著許許多多具有同樣理念的人。

許多父母，甚至教育工作者會認為「隔代教養」問題多多，總是會認為祖父母扶養的孩子難以適應成長的環境，或者會被過度溺愛。其實不盡然，這主要取決於祖父母的教育方式：外祖父帶大的沙特，在缺少父母親陪伴環境下成長，並邁向成功的案例，值得今日有類似處境者的省思與學習。

27 孤兒邁向成長與成功之路

一九六八年諾貝爾文學獎得主川端康成

川端康成，日本人，一八九九年六月十四日生於日本大阪，一九七二年四月十六日去世，享年七十三歲。他「因為以其典型的　事文學，非凡地、敏銳地表現了日本人的內心實質」，獲得一九六八年諾貝爾文學獎，時年六十九歲。

川端康成在一八九九年六月十一日出生於大阪市的天滿比花町。他出生後第二年，父親患肺結核去世，出生後第四年，母親也因服侍丈夫染上肺病，丟下川端康成撒手人寰。川端康成只好跟著姐姐與祖父母生活，由祖父母帶著回到了祖籍老家。

川端康成從小失去了父母，由祖父母養育長大，想念父母時，只能看舊照片。

兩個老人失去了兒子和兒媳，生怕作為家庭中唯一男丁的孫子再有什麼閃失，就把川端康成的姐姐寄養在她姨媽家，帶著川端康成回到故鄉，三個人住在低矮潮濕的農舍裡，在淒涼悲苦中度日。

為了照顧好川端康成，祖父母嚴密地看管川端康成，飯由祖母哄著一口口喂到嘴裡，行動也限制在自家陰暗潮濕的房子裡。川端康成在這種環境中，不僅極為任性，而且有些神經質，假使衣服沾上了一滴油，他便不穿，任祖父母百般哄勸，直到把那一塊沾了油的衣料剪下來，再補上另外一塊布，他才要穿。

弱小的川端康成，終於在祖父母提心吊膽的看守下，長到了上小學的年齡。然而，終日只和爺爺奶奶兩張臉對望的川端康成，一看到大群的人，便感到恐怖，在入學儀式上，川端康成淚流滿面。另外，也由於祖父在學齡前已教會川端康成讀一些簡易讀物，學校讀和教的東西，他早已懂了，對他來說便顯得有些無聊。學校對一般小孩子所具有的吸引力，對川端康成已消失，他討厭學校，不願到鬧哄哄的小學生群中活動。

後來，祖父的眼睛幾乎什麼都看不見了，此後不久，祖母卻又突然不停地身體發抖。老人摸索著出了門，到一棵大柚樹下去喊叫，求人來幫忙，悲切而又尖又細的呼喊聲，在幼年川端康成的心中，劃下了永久的傷痕，使他終生難忘。最後，祖母去世，川端康成和姐姐由保姆的丈夫和兒子分別背著，為祖母送葬。

從七歲到十五歲這一段本該活躍有趣的歲月，川端康成卻是在每天看父親的相片，或是像看相片一樣盯住爺爺的臉度過的。對著祖父的臉長久注視的日子，川端康成是那樣的寂寞，童心是那樣的悲慘與淒涼。那時，他常常赤著腳，踩著滿地露水，去看大阪原野上的日出。天還沒亮，他已經等不及要爬上山頂，獨自一人蹲在空寂的山頂一棵小松樹下。那松樹的葉子和樹幹，隨著太陽升起由暗轉亮的情景，太陽從霧海中躍出天際的一剎那，使他難以忘懷。

清晨去看大阪原野上日出，成為川端康成最珍惜的時刻，想著過去與爸爸媽媽的生活，祖母的出殯行列……。祖孫相依為命的日子過得很快，在讀書上學的日子，祖父的嚴格要求下，一切還算順利。有一天下午，川端康成對爺爺說：

「爺爺，我可以去玩嗎？」

「啊，去吧！」

祖父微笑著，這樣反而顯出那蒼老的聲音中的悲哀。川端康成得到祖父同意後，一溜煙地跑出去了。川端康成常去的是隔壁人家，鄰居的主婦溫和慈祥，川端康成常常和這一家人圍坐在火爐旁談天說地。這個溫暖的家庭好比天堂，使近在咫尺的川端康成家更顯得陰冷與空寂。

川端康成到隔壁鄰居獲得的一點溫暖和歡樂，一走到自己家門口時，所有溫暖和歡樂的感覺立刻消失殆盡。這麼巨大的落差，鮮明的比較，豈是一顆童心所能忍受的？寂寥、孤獨之外，還有失去至親的哀傷打擊著這個孤苦的孩子。

父母去世時，他還是一個幼兒，不知悲哀。而七歲時祖母去世，十歲時姐姐夭折，他已經開始懂事，從祖父的哀傷中感到了悲切。命運似乎總是與他作對。少年時期的川端康成，二歲喪父，三歲失母，七歲祖母亡故，十歲姐姐離去，十五歲祖父逝世，這種傷心又難以忘懷的童年記憶，讓他早熟。

他不僅接二連三地為親人披孝送葬，而且在輾轉寄居他人家中時，也不斷碰上親戚的喪葬。有一年暑假，川端康成參加了一次葬禮，再加上為中學英文教師和一位好友送殯，表兄送他一個「參加葬禮的名人」綽號，表嫂表妹甚至說川端康成的衣服全是墳墓的味道，同時送他一個「殯儀館先生」的綽號。

童年的悲慘生活並沒有阻礙川端康成的成長，很幸運的是，家裡藏有祖父和父親留下的不少漢文書。他從小受祖父影響，對書籍很有感情。在小學六年級時，他竟完全被書迷住了，每天到院子裡的樹下去讀書。學校圖書館的藏書他幾乎都看過，凡是能夠弄到手的小說與通俗讀物他都閱讀。後來他回憶說：

「我深深地被作品的文體和韻律吸引住，那感受就如同唱一首不解詞意的歌曲。這種經歷對我的文學創作產生了深遠的影響。至今，在我寫作的時候，少年時代那如歌詠般的旋律，依然回蕩在心間，我從未背離過它。這就是我寫文章的祕密。」

一九一二年，川端康成以第一名的成績進入大阪府立中學。他的國文和漢文十分突出。他不再毫無目的地閱覽，而是開始選擇具有文學趣味的書籍。但就是文學書籍，也需要花不少錢，那幾年，祖父和他能從舅舅那裡拿到二十三元二角五分日元的生活費，祖父省吃儉用，省下來為他買書。中學三年級時，川端康成就收集自己的習作，編成詩集和作文集。

一九二四年畢業於日本東京帝國大學國語系。川端康成他的作品以中短篇小說為主，短篇小說《伊豆的舞女》是他的成名作；《古都》《雪國》和《千隻鶴》使他獲諾貝爾文學獎。他的小說大都情節平淡，但他那清淡、細膩的筆法，卻總能將讀者引入一條幽徑；看來是不經意的描寫和偶然的變化，卻總能扣住讀者的心弦，引人入勝，令人感到妙不可言。

川端康成，這位孤兒，歷經悲慘無比的童年與青少年日子，終於在祖父的期待下，邁向成長與成功之路，獲得諾貝爾文學獎，時年六十九歲。

搖籃與推手——單親，孤兒與隔代教養

苦難的生活經歷，對於弱者來說是滅頂之災，而對於有為者來說，卻是一座取之不竭、用之不盡的豐富寶藏

「單親家庭的親職教育」的案例，記錄著一位缺少父親的孩子以及母親如何及時發現教育方式錯誤，然後輔導兒子成功的故事。

普雷格爾自幼失去父親，靠母親一人撫養。生長在單親家庭的孩子容易被溺愛，普雷格爾也不例外，因此變得任性、怠惰，存在不少問題。但是，令人欣慰的是，普雷格爾母親及時意識到自己教育的錯誤，隨時採取措施自我糾正。於是，嚴格要求孩子，輔之以情的感人教育方式，終於使普雷格爾及早醒悟，兌現自己的諾言，獲得成功。

由於各種原因，當今社會單親家庭數量及他們子女違法犯罪比例都呈不斷上升趨勢，單親家庭子女教育成了一個被廣泛關注的社會問題，值得社會工作者、從事學校與家庭教育者以及面臨這種處境的人的重視。

對於離婚家庭來說，父母，包括爺爺、奶奶和外公、外婆等親戚，不要將雙方的矛盾轉嫁給孩子，不要為了爭奪撫養權使孩子無所適從而感到心理極度傷害，導致性格被扭曲。不要把雙方的是非讓孩子做評判，弄得孩子非常尷尬難以做人。或者用金

錢、物質待遇等不恰當手段作誘餌，企圖把孩子拉向自己一邊，造成孩子為了贏得利益，不擇手段，讓孩子學會投機。

反之，雙方賭氣都不管孩子而放任之，給孩子帶來生活上各種困難和心理上的巨大創傷。為了孩子的成長，雙方應撇開自身的糾葛與怨恨，在教育思想、要求上進等等，盡可能地協商一致，共同承擔起應有的教育責任。父母雙方在感情上已經破裂，但在教育孩子問題上不應缺席。

對於因病、因意外事故失去一方的單親家庭來說，不要因失去親人而失去理智，把無節制的愛都轉移到孩子身上，保護過度，不敢嚴格要求，嬌縱孩子，導致溺愛，這樣也會讓孩子將來成為自私自利的人。

對於父母因生計而外出，把孩子交給祖輩撫養的家庭來說，父母除了在生活上盡可能關心外，可以通過電話、通訊軟體與視訊等方式，經常與孩子、所委託的監護人、老師保持聯繫。以便熟悉瞭解孩子，不斷地提出要求並予以鼓勵，使孩子時時感受到父母的溫暖，彷彿不離左右仍在自己身邊。

不完整家庭，既不能缺少對孩子的愛，也不能對孩子的愛過度而造成溺愛。對於單親家庭孩子的教育有三件要事：

是生活與教育的責任要妥善處理，兩者一樣重要，缺一不可；

是要給孩子更多的關愛，逐步撫平他們心理上受到的巨大創傷；

是要特別保護好由「單親」給孩子們帶來的苦悶環境與脆弱的心理傷痛。

許多人會誤認，隔代（祖父母或外祖父母）教養的孩子比較不認真讀書，或者因被過度溺愛而任性。其實不盡然，這主要取決於祖父母或外祖父母的教育方式。沙特的外祖父是成功隔代教養的典範。

沙特的外祖父毫無疑問是一位非常睿智的老人。他並不因為外孫的不幸而一味縱容。因為他深知，在學習上或者在教育上縱容外孫，其實就是害了他。所以他保持著對沙特的嚴格要求。有許多祖父級的家長對孩子的愛是盲目的，在當代家庭少子化趨勢，這種情況特別嚴重，獨生子女家庭的小孩，容易因縱容嬌縱養成許多壞習慣。而且，一旦有了爺爺奶奶撐腰，孩子根本就不肯改正自己的缺點。這樣一來，讓想要管教的父母非常為難。

隨著孩子年齡遞增，越應該知道要理智地關愛。一味的驕慣絕對不是真愛，或者至少不是正確愛的表達方式。為了使孩子能順利的成長，必須使他們從小就有端正的人生態度和生活習慣，這對孩子們來說，特別重要，爺爺奶奶更應該明白這一點。

愛得理智，祖父母通常比較難做到的，但是為了孩子，他們必須如此。同時，給予孩子一定的鼓勵，是相當必要的。爺爺奶奶的話有時候會比父母的話管用。在人生的道路上，孩子不僅僅需要來自父母的指導，更需要年齡更長的人的引導。如果整個家庭都一起配合，為了把孩子培育成材而努力，孩子的成長會更順利。

外祖父關愛與助力是川端康成邁向成長與成功的關鍵。像川端康成這樣悲慘地度過童年生活的孩子為數極少。苦難的生活經歷對於川端康成來說，是不幸的，但同時也為他以後的文學創作提供了豐富的素材。逆境可以培養人堅強的意志，可以使人更加奮發有為，可以塑造人高尚的品格。

從這個意義上來說，孩子童年時期吃些苦、經歷一段逆境未必是件壞事。川端康成一舉成名，應了先聖的話：「天將降大任於斯人也，必先苦其心志，勞其筋骨……。」對於生長在現代豐衣足食的孩子來說，如能設法讓孩子去體驗一下艱難困苦的生活，對他們今後的人生之路肯定大有裨益。

川端康成的父親、祖父沒有給他留下什麼財產，而是留下了不少書籍，更難能可貴的是，他受祖父影響，喜歡讀書，走上文學創作之路。對於已經富裕的長輩來說，今後要為孩子留下些什麼？是幾處房產，一堆收藏品，一大筆存款？

誠然，長輩給子女留一些物質財富是可以瞭解的，但更重要的是留給孩子一種勇於奮鬥、艱苦創業的精神。有了這種精神，孩子今後可以白手起家闖出一個新天地，沒有這種精神，即使留下一座金山，也會有坐吃山空的一天。

苦難的生活經歷，對於弱者來說是滅頂之災，而對於有為者來說，卻是一座取之不竭、用之不盡的豐富寶藏。這句話對川端康成，這位獲得一九六八年諾貝爾文學獎得主的成長與成功歷程來說，是非常恰當的。

成功加油站——不回頭才爬得高

選定一個大人物，然後以這個人為心目中的學習榜樣

清理大廈窗戶的工人，經常說一句值得我們深思的話：

「要能夠爬上最高的梯子，就不要回頭看！」

美國五大湖區上的運輸大王考爾比（Cowby），在最初進入社會做事時，在歷經許多挫折與失敗考驗之後，也說過類似的一句話：

「我從樓梯的最低一級盡力往上看，看看自己能夠看到多高，就能夠到達多高的。」

考爾比當時一無所有，而他的希望卻是那樣遠大。他是根據什麼來實現自己的希望的呢？他從非常窮困的家庭出身，年輕時在歷經許多挫折與失敗之後，從紐約花幾個月的時間，一步一步走到伊利諾州湖邊的克利夫蘭，後來在一間鐵路公司當一名書記。但是他工作一段時間之後，便覺得他這份工作過於簡單，不能滿足他遠大的志願。他對自己說：

「在矮梯子上，並不一定就安穩。然而，坐在一個矮梯子的頂上，更容易跌倒。不

如爬一個看見頂的梯子，一心只想朝上爬……。」

於是，考爾比辭了這份工作，另在赫約翰大使的手下找到一份工作。赫約翰後來成為國務卿兼美國駐英國大使。考爾比的想像力已經看到，假使與前者在一起，不會有什麼發展，與後者在一起，則會有很大的機會。一個人要有眼光才有進步，但是眼光也必須時時改進。考爾比說得好：

「我最初走到克利夫蘭來，原是想做一個普通水手，這是一種兒童追求冒險和浪漫的思想。但結果我沒有當水手，而每天與美國最完全的理想人物相接觸，就是赫約翰大使。這也是我的好運氣。他是我各方面學習歷練的理想模範。」

考爾比能夠覺悟到，假如他與一個小人物相處，絕不會有很大的發展。於是，他選定了一個大人物，然後以這個人為自己心目中的學習榜樣，所以他選定了赫約翰，也為自己樹立了一個理想目標。於是，他從鐵路公司當書記轉換到美國駐英國赫約翰大使（後來成為國務卿）那裡工作。經過不斷的吃苦歷練，最終成為美國五大湖區上的運輸大王。他的「爬樓梯哲學」值得在奮鬥中的年輕人省思。

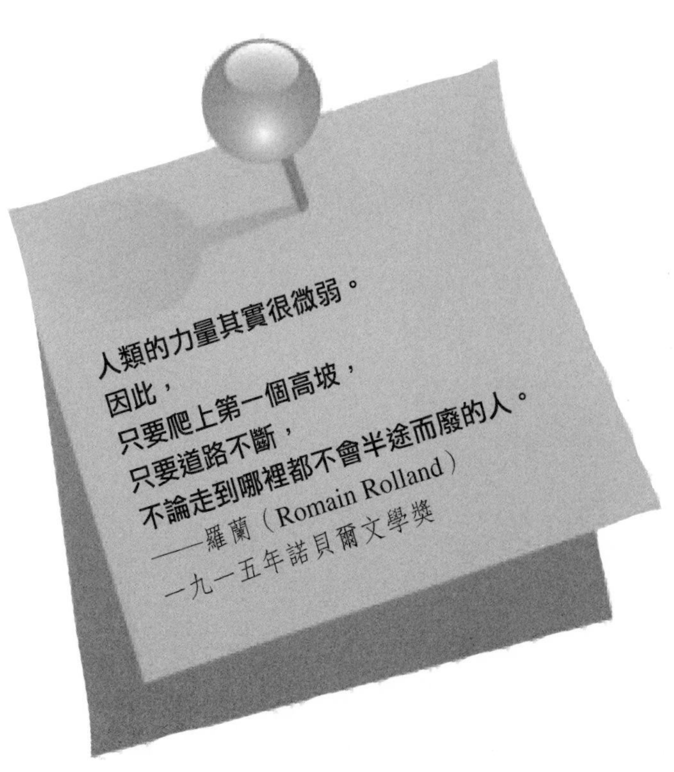
人類的力量其實很微弱。
因此，
只要爬上第一個高坡，
只要道路不斷，
不論走到哪裡都不會半途而廢的人。
——羅蘭（Romain Rolland）
一九一五年諾貝爾文學獎

成長的故事——為成就自己鋪路

三年後，這位十七歲的男孩在第六屆世界杯足球賽上獨進六球，為巴西第一次捧回大力金杯

在巴西的里約熱內盧的一個貧民窟裡，有一個男孩，他非常喜歡足球，可是又買不起，於是就踢塑料盒，踢汽水瓶，踢從垃圾箱揀來的椰子殼。他在巷口裡踢，在能找到的任何一片空地上踢。

有一天，當他在一個乾涸的水塘裡，踢一個椰子殼時，被一位足球教練看見了，他發現這男孩踢得很好，就主動提出送給他一粒足球。小男孩得到足球後踢得更賣勁了，不久，他就能準確地把球踢進遠處的水桶裡。

聖誕節到了，男孩的媽媽說：

「我們沒有錢買聖誕禮物，送給我們的恩人。就讓我們為我們的恩人祈禱吧！」

小男孩跟媽媽禱告完畢，向媽媽要了一隻剷子跑了出去，他來到教練住的別墅前的花圃裡，開始挖坑。就在他快挖好的時候，從別墅裡走出一個人來，問：

「小朋友，你在做什麼？」

小男孩抬起滿是汗珠的臉蛋，說：

「教練，聖誕節到了，我沒有禮物送給您，我想給您的聖誕樹挖一個樹坑」。教練把小男孩從樹坑裡拉上來，說：「我今天得到了世界上最好的禮物。明天你到我訓練場去吧！」

三年後，這位十七歲的男孩在第六屆世界杯足球賽上獨進六球，為巴西第一次捧回大力金杯，一個原來不為世人所知的名字——比利（Pele），隨之傳遍世界。比利是國際足球總會世界盃唯一贏得三屆世界盃的球員。

在個人的成長與發展過程中，有時會讓機會流失，但是，卻不可放棄給自己的成長與發展舖路，創造機會。路是舖出來的，機會是創造出來的！機會垂青的是給有準備的人們！

如果有人錯過機會，
多半不是機會沒有到來，
而是因為等待機會者
沒有看見機會來到，
而且機會到來時，
沒有一伸手就抓住它。
——羅蘭（Romain Rolland）
一九一五年諾貝爾文學獎

第十章

優越的成長環境一定就可以成就優越的孩子嗎？

——英國的湯姆森、美國的鮑林和法國的伊倫．居禮

28 以父親成就為標竿的父子檔得獎者：湯姆森

29 父親身教影響的兩次得獎者：鮑林

30 科學世家四人獲獎殊榮：伊倫．居禮

搖籃與推手——標竿，身教與科學世家

成功加油站——成長的森林效應

成長的故事——記得愛，比名字更重要！

讓整個一生都在追求中度過吧！
那麼，
在這樣的一生中，
必定會有許許多多美好的時刻。
——羅斯福（Theodore Roosevelt）一九〇六年諾貝爾和平獎

28 以父親成就為標竿的父子檔得獎者

一九三七年諾貝爾物理學獎得主喬治．湯姆森
一九〇六年諾貝爾物理學獎得主約瑟夫．湯姆森

喬治．佩格．湯姆森（George Paget Thomson）英國人，尊稱喬治．湯姆森爵士（Sir George Thomson）出生於一八九二年五月三日英國劍橋，一九七五年九月十日逝世於祖籍地，享年八十三歲。一九三七年「因電子繞射實驗」和戴維森（Clinton Davisson）共同獲得諾貝爾物理學獎。父親約瑟夫．湯姆森（Joseph Thomson）是一九〇六年諾貝爾物理學獎獲得者，他們是父子檔的諾貝爾物理學獎得主。

小湯姆森的成長環境可以說是非常優越。父親是英國傑出的物理學家和諾貝爾物理學獎得主。小湯姆森從小就受到這樣良好家庭的得天獨厚影響和薰陶，父親也經常對他進行言教與身教。小湯姆森本來天資就很好，學習也努力，因此，他的學習成績一直名列前茅。

雖然如此，父母覺得他身上依然缺乏一種發自內心的動力，似乎沒有讓他動心的東西，即使是父親獲得諾貝爾物理學獎這樣大的事情，在小湯姆森的心中也沒有激起波瀾，好像覺得父親獲得諾貝爾物理學獎是理所當然的，不是什麼值得大驚小怪的事情。

母親是一位有教養、賢慧以及富於思考，她對丈夫獲獎這件事感到無比興奮，所以兒子的無動於衷的反應引起了她的沈思。她認為兒子的天資很好，學習成績也不錯，只是缺乏追求自己所要的理想目標，母親覺得這應該是一個機會教育的絕好時機。經過慎重考慮後，母親決定要和小湯姆森好好談談。

一天，她把兒子叫到身邊，雙眼深情地注視著孩子，語氣慎重地說：

「喬治，你現在已經十四歲了，是個小大人，你爸爸十四歲的時候都讀大學了，爸爸現在是位著名的科學家，諾貝爾物理學得獎者，可是爺爺在爸爸十四歲的時候還只是在擺書攤賣書。你爸爸所擁有的環境基礎比你差多了，你不覺得應該好好向爸爸學習嗎？」

平時什麼都無所謂的小湯姆森，聽到這些話以後好像觸電一般呆在那裡。母親說的這番話點醒了他，他低下頭為自己以前不主動進取的學習行為感到慚愧和臉紅。經過幾分鐘的沈思，小湯姆森再抬起頭來的時候，眼睛已經濕潤了，語氣卻十分堅定地對母親說：

「媽媽，您剛才說得很對，我明白了，我以後一定不會讓您失望的。」

此刻母子對話的情境，也讓一旁的父親受感動。在此以後，小湯姆森暗暗下定決心，不辜負母親的期望，要以父親為榜樣，將來在科學界也有一番作為。在確定自己努力的方向後，他不再怕吃苦，全力以赴，學習成績也扶搖直上，並以優異的成績從康橋三一學院畢業。

湯姆森早年在康橋讀中學，後來進入康橋大學。第一次世界大戰爆發後，加入女王步兵團任中尉軍官，從事飛機穩定性和空氣動力學問題的研究。戰後，他在康橋神學院作了三年研究員和講師，然後繼續研究物理學。一九一九年，二十七歲的湯姆森出版了專著《應用空氣動力學》。

一九二二年，湯姆森成為阿伯登大學的自然哲學教授，繼續從事正射線的研究工作。後來，湯姆森與戴維森的電子衍射實驗分別發展成為低能電子衍射技術和反射式高能電子衍射技術，在表面物理學中有廣泛應用。一九二八年與父親合作名著《氣體放電》。後來成為英國皇家學會會員。

回顧湯姆森的成長與發展，他始終都堅持著自己對母親的諾言，持續艱苦奮鬥毫不鬆懈，一心一意埋頭鑽研他所選擇的科學領域。終於以自己辛勤的汗水換來的科學成果，得到科學界的肯定，與他父親一九〇六年所獲得一樣的成就，獲得了一九三七年諾貝爾物理學獎，實現了自己的願望，也沒有辜負母親對他的期望。

（註：另外一對父子檔是亨利．布拉格與兒子勞倫斯．布拉格共同獲得一九一五年諾貝爾物理學獎。案例22〈穿著破皮鞋走向成功：布拉格〉。）

父親身教影響的兩次得獎者

一九五四年諾貝爾化學獎以及一九六二年諾貝爾和平獎得主鮑林

萊那斯．卡爾．鮑林（Linus Carl Pauling）美國人，一九〇一年二月二十八日生於俄勒岡州波特蘭市，一九九四年八月十九日去世，享年九十三歲。他「因研究化學鍵的性質和複雜分子結構」，獲一九五四年諾貝爾化學獎，時年五十三歲。一九六二年再一次因發表大量反戰和反原子武器的論著和演講而獲得諾貝爾和平獎。在頒發諾貝爾獎的一百多年歷史上，一生能夠獲得兩次獎項的只有四個人，鮑林就是其中之一。

鮑林出生於美國俄勒岡州波特蘭市一個幸福的家庭。父親是一位藥劑師，母親是一位賢慧的家庭主婦，有兩個妹妹，一家五口。小鮑林四歲那年，搬家到西部一個粗獷、荒涼的高原小鎮。這是一個落後的偏遠地區，但對於小男孩來說卻是一個天堂，一望無際的田野為他提供了一個廣闊的活動空間。由於那裡的成人都在為生計而忙碌，無暇顧及自己的孩子，所以孩子們擁有絕對自由的時間與空間。許多小鮑林的童年趣事便在這裡發生。

小鮑林自幼就是一個淘氣孩子，生性好動，愛模仿，調皮而又機靈。這種性格也許與他所處的環境有很大關係。由於父親是一位藥劑師，童年時代的鮑林對父親的實驗室產生了濃厚的興趣，更著迷於父親那雙神奇的手，被強烈好奇心驅使的他，獨自一人跑去看父親配製各種粉劑和藥膏。對他來說，這一切簡直太新鮮、太神奇、太充滿誘惑力了！每當父親不在實驗室時，他常學著父親的樣子進行藥品調配，這種最初的嘗試帶給了他無比的激動與成就感。

父親注意到小鮑林對實驗有濃厚的興趣，常常教他怎樣做實驗，怎樣調製藥品。小鮑林快活極了，每天放學後去父親的實驗室成了他最高興的事情。然而，這個淘氣孩子也喜歡看書，對閱讀有一種天生的嗜好。他那時識字不多，但不管見到看得懂的書，或者似懂非懂的書，都要拿來瀏覽一番。

經過專家測驗，鮑林的智商特別高，應用語言的能力特別強，很小的時候就能用英語從一數到一百。據說，愛因斯坦對成功之後的鮑林語言能力很欽佩。在一次研討會上，鮑林用無懈可擊的德語宣讀了一篇論文，愛因斯坦就問他：

「你從那裡學會說那麼好的德語？」

鮑林說：

「我在德國呆了一年。」

愛因斯坦感慨地說：

「你只花了一年時間德語就說得那麼好，為什麼我到美國已經超過兩年了，還講不好英語呢？」

鮑林對自己的功課同樣非常認真。他從小就愛學習，喜歡打破砂鍋問到底。在三年級時，有一次做數學作業，最後剩下幾道難題，儘管他絞盡腦汁，花了很多時間還是做不出來，情急之下竟號啕大哭起來。八歲時，他就對古代文化感興趣，父親便教他學一些拉丁語單詞。這時，他開始顯露出對自然科學的興趣。

然而好景不長，父親因胃潰瘍去世。父親去世後，鮑林成了這個家庭唯一的男子漢。他雖然很淘氣，但內心深處有著男子漢的責任感，決心要為母親分憂。於是，鮑林從九歲開始，在整個小學和中學期間，到處打工賺錢補貼家庭開支。他曾經騎著自行車代郵局送信、到電影院當放映員、送牛奶等。

父親去世後，他失去了做實驗的條件，但他沒有因此而消沉，而牢牢記住父親的鼓勵，下決心自己去創造條件做實驗。當他知道好朋友家裡有個小實驗室時，常主動要求帶他去參觀。從那天起小鮑林對化學這門學科產生了濃厚的興趣。

回到家裡小鮑林仍興奮不已，喋喋不休地向媽媽訴說剛才看到的一切。媽媽看到自從丈夫去世以後很少展露笑容的兒子，今天居然這麼高興，而且一直纏著媽媽問碳是什麼？什麼是氯酸銅？她被感動了。也正是從這天開始，小鮑林媽媽決定好好培育兒子的興趣，於是給他買來了很多化學物理方面的書，逐一給他講解，小鮑林學得很認真。

小鮑林非常熱情學習化學，除學好學校的所有功課外，他把自己的課餘時間都用在了化學上。當小鮑林小學還沒有畢業時，他就自學完了初中化學的全部課程。在這段期間，他在同學家的實驗室裡又親手做了好幾次實驗，每做一次實驗，都激發了他勤奮鑽研的精神。鮑林進入中學以後，更加努力學習化學，於是研究化學讓他成了學校聞名的小科學家。

一九一七年七月，鮑林收到俄勒岡農學院的錄取通知。在大學裡，鮑林沒有得到家裡經濟支持，只能靠打工來維持一切開支。入學第一天，鮑林就去搬運木頭，以後，每月大約要花一百個小時到女生宿舍做一些劈柴、打掃廚房、切牛肉之類的雜活。他精細地計算著每一分錢，把剩餘的錢寄給母親補貼家用。

大學一年級暑假，他去軍營打雜，還到船上打工。二年級暑假，為五百戶人家送牛奶，每天晚上八點工作到淩晨四點。鮑林把錢悉數交給母親，但到了開學時，仍然不夠交學費，以至於他不能去讀大學三年級。此時，他接到學校寄來的聘書，要他教大學二年級學生的定量分析課程，這說明鮑林的學業是何等的優秀。這就是鮑林，這位諾貝爾獎獲得者年少時獨立自主與艱辛的求學之路。

30

科學世家四人獲獎殊榮

一九〇三年物理學獎、一九三五年諾貝爾化學獎和一九三五年諾貝爾化學獎獲獎的居禮家族

伊倫．約里奧—居禮（Irène Joliot-Curie）法國人，一八九七年九月十二日生於法國巴黎，一九五六年三月十七日於巴黎去世，享年五十九歲。一九三五年與丈夫雷德．約里奧．居禮（Fred Joliot-Curie）「因研究併合成人工放射性元素」，同獲諾貝爾化學獎，時年三十八歲。她的父母親比埃爾．居禮（Pierre Curie）與瑪麗．居禮（Marie Curie）在一九三七年共同獲得諾貝爾化學獎。居禮家庭是唯一總共有四人獲諾貝爾獎殊榮。

伊倫成長在一個科學家的家庭，父親比埃爾．居禮與母親瑪麗．居禮，兩人於一九〇三年共同諾貝爾物理學獎。母親又在一九一一年榮獲諾貝爾化學獎。因此，除了她的成就讓世人羨慕之外，其成長的過程更讓許多人好奇。伊倫在母親三十歲那年出生，父親則不幸在她九歲那年因車禍去世，伊倫與妹妹由母親單獨扶養長大。

伊倫小時候好動，常把父母的諾貝爾獎章當作「大金幣」玩。雖然瑪麗．居禮認為，教育孩子最重要的是；

「讓孩子們在最少的室內上課時間內把書讀好，然後到更廣闊的天地中去充分發揮自由的天性，這樣會是最好的安排。」

可是，對這個不那麼文靜，不能安安穩穩坐下來讀書的小伊倫來說，媽媽還得費更多的心思與功夫，妥善安排她的學習計畫。

於是母親與幾位科學界的朋友訂了一個兒童教育合作計劃，把大家的孩子集中起來，由他們親自教學。孩子們很快被這個教育合作計劃吸引住了，特別是小伊倫的好動行為改善了許多。母親開始把她的精力放在實驗室裡那些試管、燒杯、天平上，讓孩子集中腦力活動。讓他們的腦筋轉起來，引起一個又一個的問號。這種兒童教育方式，看起來相當有效。

有一次，物理學家朗之萬問孩子們一個問題。他說：

「我這裡有一條金魚，還有一滿缸水，然後我把金魚放進缸裡，你們說會怎麼樣呢？」

孩子們答道：

「水漫出來了。」

朗之萬伯伯說：

「好，現在我把漫出來的水接在另一個缸裡，發現這些水的體積比金魚的體積小。孩子們，你們想想，這是為什麼？」

孩子們七嘴八舌地議論著：

「真怪呀！」

「也許，金魚把水喝到肚子裡去了。」

「會不會灑到缸外面一些？」

這時的小伊倫，手托小臉蛋，想得入了神。她記得浮力定律是這樣說的：「物體浸沒於水中，排開水的體積應與物體體積相等。可是，今天的這個問題，又該怎麼解釋呢？」

伊倫一回到家，第一件事就是跑去問媽媽今天朗之萬伯伯的怪問題。瑪麗．居禮聽後想了想，笑著說：

「伊倫，動手做一下，試試看。」

於是，伊倫執意要弄個究竟，證實一下自己的想法。她從媽媽的實驗台上取了一個缸子，又到一個小朋友家弄了條金魚，做了一番實驗。結果是：溢出的水與金魚的體積一樣，不多也不少。

「真怪呀！」

伊倫歪著腦袋，仰著高而寬的額頭，看著站在一旁的媽媽。媽媽沒有吭聲，只是帶著幾分期待，幾分鼓勵，看著小伊倫，這眼神中流露出對她判斷的信賴。

第二天一上課，小伊倫生氣地問朗之萬伯伯：

「您為什麼向我們提了一個錯誤的問題？」

她並詳細地描述了自己實驗的經過與結果。朗之萬聽著，讚賞地笑了，然後說：

「伊倫，聰明的孩子，我要告訴你，科學家說的話也不一定對，只能相信事實，嚴謹的實驗是科學最可靠的證人。」

就是在這種富有探究、活潑、不限於常規的教育下，小伊倫成了孩子們心中的科學明星，難怪人們叫她科學界的「公主」！她不僅有著對科學的濃厚興趣，而且養成了嚴謹的工作與研究態度。讓她一步一步的邁向科學成就的道路。

伊倫和妹妹每天做完功課，就被母親帶到戶外去活動，無論天氣如何，她們總要步行很長一段路。瑪麗．居禮還在家裡的花園裡設了一個橫架，上面掛了一根吊杆、一副吊環、一條滑繩，讓伊倫和妹妹進行體育鍛煉，還在體操學校裡接受訓練，伊倫還多次獲獎。

無論怎樣忙碌與疲倦，瑪麗．居禮總是要抽空陪女兒們騎自行車出遊。一到夏天媽媽帶領姊妹們學習游泳。在一九一一年暑假，瑪麗．居禮帶兩個女兒第一次旅行到波蘭，伊倫和妹妹學騎馬，瑪麗．居禮背著行李在前面引路。她們在山裡旅行了五天。伊倫從小在這種科學氣氛的薰陶下，把自己的命運與科學緊緊連結在一起。十四歲那年，她與母親一起參加了莊嚴的諾貝爾獎授獎大會，心中有一個夢，要像媽媽那樣，也要獲得一枚諾貝爾獎章。這個夢，伊倫把它深深藏在心底，並一直向這個目標邁進。

一九一四年伊倫畢業於塞維涅學院，一九二〇年獲巴黎大學理學博士學位。一九三五年，三十八歲的伊倫由科學界的「公主」成了一顆耀眼的「明星」，在斯德哥爾摩同一座大廳裡，她獲得了與母親與父親一樣的殊榮，實現了少年時代的那個美麗的夢。這證實了一個千古不變的定律：

「美麗的夢，不但讓一位有心人成功，更造就我們這個可愛的世界更文明，更偉大！」

搖籃與推手——標竿，身教與科學世家

父母「要我學」變成「我要學」的意願

湯姆森「以父親成就為標竿」，終於取得了諾貝爾獎的輝煌成就。可以說，這是他在童年受益於物理學家父親所提供的科學環境，以及當年母親的啟發與助力，讓小湯姆森這位獨生子，從小受到母親的鼓勵，下定決心一生要努力趕上獲得諾貝爾獎的爸爸，用自己的實際行動去實現兒時對母親的諾言。

從湯姆森的成長過程，我們領悟到，父母教育孩子一定要掌握時機，讓孩子透過自己的思考和體會來認識自己的處境，並不需要父母總是叮嚀個不停，應該根據孩子的特點，選擇關鍵時機提醒孩子，以勵志的話來啟發孩子。讓他們領悟，從而下定決心朝著適合的目標奮鬥。

相反的，父母親不斷的嘮叨或命令只會讓孩子對父母的善意勸說厭煩。然而，把握時機，讓孩子為自己設定目標與方向努力，自然就能激發出內心的動力，朝著適合自己的目標奮鬥，收事半功倍的效果。湯姆森以父親成就為標竿，加上母親的啟發與助力，這項成功的案例值得學習。

「父親身教的影響」是從一個淘氣孩子，成長之後，一生獲得兩次諾貝爾獎的偉大科學家鮑林的成功案例。這與他童年時的經歷有著密切的關聯。特別是，藥劑師與化學實驗愛好者父親身教的影響，是他邁向成功的關鍵。

首先，鮑林對化學實驗的興趣逐漸加強，以至於達到：恨不得把整個實驗室搬到家的地步。其次，父親去世後，在客觀上培養了他強烈的家庭責任感。這種責任感和使命感，又促使鮑林自強不息地學習與奮鬥。這種「苦難造就英雄」的哲理，確實反應在鮑林身上。

如今雖然不少孩子在學科基本知識、基本技能方面不錯，但在積極的情感體驗、責任感、使命感等方面相對較弱。一個缺乏家庭責任感、社會使命感的孩子，將來步入社會很難融入團隊，也難以為社會進步作出人們所期望的貢獻。所以，從某種意義上來說，培養孩子的責任感和使命感比知識的獲得和興趣的培養顯得更為重要。

鮑林的父親並沒有刻意培養兒子對化學實驗的興趣，而是讓這種興趣、目標與使命命感在不經意中自然而然地形成。這比父母親硬逼孩子學什麼要容易培養興趣，且使興趣持久。從家庭教育觀點看；父母「要我學」變成「我要學」的意願，鮑林的成功教育，值得學習。

通常淘氣的孩子，比較頭腦靈活，反應靈敏，想像力豐富，點子多，也往往在玩耍時容易惹事。如何看待淘氣的孩子？只要孩子所犯的缺點、錯誤沒有太大的出軌，且這種錯誤符合兒童活動，父母親大可不必太在意，稍加管教與事後輔導即可。不少著名科學家、企業家在兒童少年時是「淘氣孩子」，正是他們在「淘氣」中所反映出豐富的想像力、隨機應變能力、團隊合作能力以及領導能力等，成就了以後的事業。鮑林這位諾貝爾獎得主的成長故事正是一個有力的證據。

從家庭教育與親子教育觀點，一個傑出的科學世家能夠擁有四位諾貝爾獎得主的殊榮，他們的童年成長環境以及邁向成功的關鍵人物值得探究。其中伊倫．居禮，她的父母親比埃爾．居禮與瑪麗．居禮都是諾貝爾獎得主。以下是其成長與成功案例分析。

出生在科學家庭的伊倫，承擔著「成功繼承者」的壓力。伊倫從小在這種科學氣氛的薰陶下，把自己的命運與科學緊緊聯繫在一起。

從小伊倫就受到父母的良好的教育。由於父親在她九歲時因車禍去世，由母親獨自扶養及教育伊倫姊妹兩人。瑪麗．居禮有幾次本來可以使自己女兒擁有一筆巨大財產的機會，但她沒有這樣做。她引領女兒走自己的路，留給女兒一句金玉良言：

「貧困固然不方便，但過富也不一定是好事，必須依靠自己的力量，謀求生活。」

小伊倫始終把它牢記在心，認為這是母親留給她最寶貴的財富。這項概念一直是促成她一生從非凡家境邁向卓越成就的動力。我們可以從伊倫的成長與成功故事得到印證。

瑪麗．居禮善於發掘伊倫的天賦，引導她發展，而且與科學界的幾個朋友一起制訂了「教育合作計劃」，整合並發揮各自的教育優勢，真可謂用心良苦，方法獨到。在瑪麗．居禮悉心培養下，伊倫終於走上諾貝爾獎領獎台。

每個父母親要細心觀察孩子，用心發掘孩子的天賦，擇其所長，引導發展。有些父母親羨慕他人孩子，認為自己孩子沒有天賦才能，這種觀點顯然不正確，不但發掘不了潛力，而且只會埋沒孩子的天資，實在可惜。

有了科學天賦，不等於日後一定能成為科學家。科學家需要有嚴肅的學習精神和嚴謹的學習態度。富有探究、活潑的教育方式，不僅可以發展孩子已有的天賦，引發孩子對科學的興趣，而且培養孩子自幼就養成嚴謹的科學態度，這為小伊倫日後成長為科學家奠定了堅實的基礎。

另外，一位與她的成功有密切關係的人物：雷德．約里奧－居禮，她的丈夫。我們也可以說，居禮家庭共有四位獲得諾貝爾獎的殊榮。雷德生於巴黎的一個商人家庭。一九一七年在拉瓦錫學校學習。一九二〇年考入巴黎理化學院。一九二三年畢業，獲得工程學學士學位。一九二五年經朗之萬教授推薦，到巴黎大學鐳研究所做瑪麗．居禮的助手。

在瑪麗．居禮指導下，雷德開始了自己的研究工作。一九三〇年獲得科學博士學位。一九三〇年與妻子伊倫．居禮共同研究。此後，夫婦二人就以中子理論為指導，繼續進行研究。他們發現，在元素週期表前的輕核元素可以人工製造出放射性元素，並合成出一些新的放射性元素。這一發現為核子物理學開闢了一條嶄新的道路。正由於他們夫婦的成果，人類才得以獲得人工放射性物質。一九三五年與妻子伊倫．居禮共同獲得了諾貝爾化學獎。

成功加油站——成長的森林效應

尋找到競爭對手，感受到學習壓力，激發動力

「森林效應」（Forest Effects）是植物學名詞，後來被引用到教育學的應用上。它指出，一棵樹如果孤獨生長於荒郊，即使存活也多半比較不直接向上發展；如果生長於森林中，每棵樹都爭搶水露，爭取陽光，以致於整個森林都是高高聳立的大樹。森林效應告訴父母們：

「孩子的成長是在團體／家庭中透過人際交往與競爭而成長的，團體的要求、活動與評價和成員素質，都對個人成長具有舉足輕重的作用。」

因此，優良的團體與家庭環境，有如「森林效應」，往往可以造就心智健康以及共同攜手邁向成功自之路。

森林效應對個人成長頗有啟迪作用。在學習成長與發展過程中，大家共同相互切磋與彼此競爭是必要的。同時，父母親要善於利用團體的作用，來促進子女心智的健康成長，就是一方面要創造條件讓孩子們多一些交往機會，開闊眼界、更新觀念、互相學習，以加速自身素質的提高；另一方面要採取多種措施營造競爭與向上的良好團

體氣氛，讓孩子們在良好氣氛的長久薰陶下，尋找到競爭對手，感受到學習壓力，激發動力。

「森林效應」我們可以從「非凡家境邁向卓越成就」的三個案例：湯姆森——以父親成就為標竿的父子檔得獎者，鮑林——父親身教影響的雙重得獎者以及伊倫·居禮——科學世家四人獲獎殊榮等的成長故事得到印證。

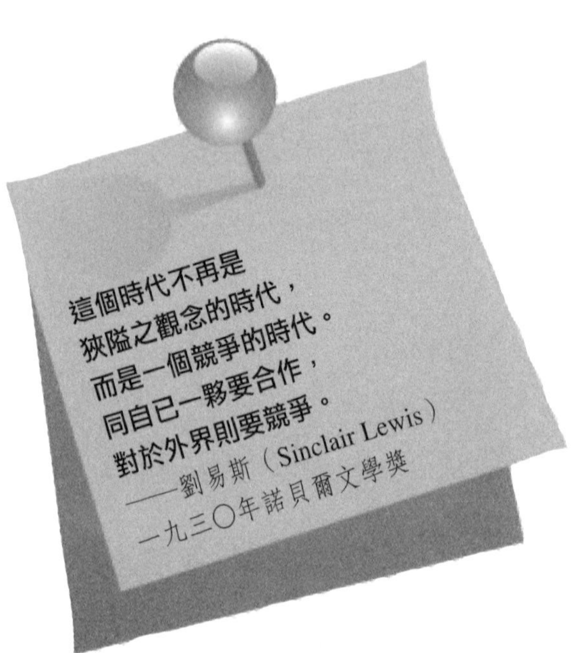

成長的故事——記得愛，比名字更重要！

在這世界上，每一個小孩都在成長，茁壯，然後每一個人，不論其一生成就如何，也都會衰老的

這是一位小女孩與奶奶的故事。話說琳達與媽媽和奶奶一家三人相依為命。她不知道奶奶為什麼老是忘東忘西的。她常忘了自己把糖放在那裡、忘了媽媽要接她去探訪親友或購物的時間。

琳達問：

「奶奶怎麼啦？」

「她以前都一直很活潑，現在卻看起來很健忘、很失落又悲傷。」

母親說：

「奶奶只是變老了而已，」

「她現在需要更多的愛和關心。」

琳達問：

「變老是什麼樣子？」

「人老了都會健忘嗎？我以後會不會也健忘呢？」

母親說：

「琳達，並不是每個人老了都會健忘，我們在想，奶奶可能是得了一種老年癡呆症，所以她記不住事情。我們必須把她送到療養院，讓她能有適當的看護。」

琳達說：

「哦！媽，那多可怕，她會很想念後院子裡自己種植的花。」

「或許吧！但是，我們也沒其他辦法了。在那裡她會受到比較妥善的照顧，也會交到些新朋友。」

琳達面露愁容，她不喜歡這樣對待奶奶。

「我們能不能常常去看她？」

她問。

「即使她變得健忘，我還是喜歡跟她聊天。」

「我們週末都可以去。」

母親回答：

「也可以帶禮物給她。」

「帶冰淇淋！奶奶最喜歡吃草莓冰淇淋了！」

琳達笑著。

「就帶草莓冰淇淋好了！」

母親說。

第一次去安養院探望奶奶時，琳達真想大哭一場。

「媽，幾乎所有人都坐輪椅！」

她說。

「他們需要坐輪椅，否則容易跌倒。」

母親解釋。

「記得！看到奶奶時要微笑，要告訴她，她氣色不錯。」

奶奶一個人坐在房間的角落，看著外面的樹。

琳達擁抱奶奶。

「妳看，」

她說，

「我們帶禮物來給妳，妳最喜歡的草莓冰淇淋！」

奶奶接過紙杯和湯匙開始吃冰淇淋，一語不發。

「寶貝，我想她一定很喜歡。」

琳達的母親安慰她。

「可是她好像不認識我們！」

琳達很失望。

「妳要給她一點時間，」

母親說：

「她換了新環境，需要點時間來調整。」

然而，下一次探望的情況並沒有改變，奶奶仍然只是悶悶地吃著冰淇淋。雖然，偶爾會對他們微笑，卻還是一語不發。

「奶奶，妳知道我是誰嗎？」

琳達問。

「妳是帶冰淇淋給我吃的女孩。」

奶奶說。

「沒錯，但是，我也是琳達，妳的孫女，妳不認得我了嗎？」

她問著，伸開雙臂擁抱老婦人。

奶奶微弱地笑了一笑。

「認得？我當然認得，妳就是那個帶冰淇淋來的女孩。」

琳達突然覺悟到奶奶再也不會認得她了。奶奶活在自己的世界裡，一個只有孤寂和些許模糊記憶的世界裡……。

「哦，奶奶，我好愛妳！」

她說。就在那時，她看到奶奶的臉頰滾下一串淚珠。

「愛」

她說：

「我記得愛，記得許多人愛我，我也愛他們！」

「妳看，琳達，她需要的只是愛！」

母親說。

「我每個週末都會帶冰淇淋來，而且即使她不認得我，我也會擁抱她。」

琳達說。

畢竟，在這世界上，每一個小孩都在成長，茁壯，然後每一個人，不論其一生成就如何，也都會衰老的。因此，在家庭生活中：記得愛，比記得一個人的名字更重要！

（本文摘自《生活的故事》〔Life Story〕）

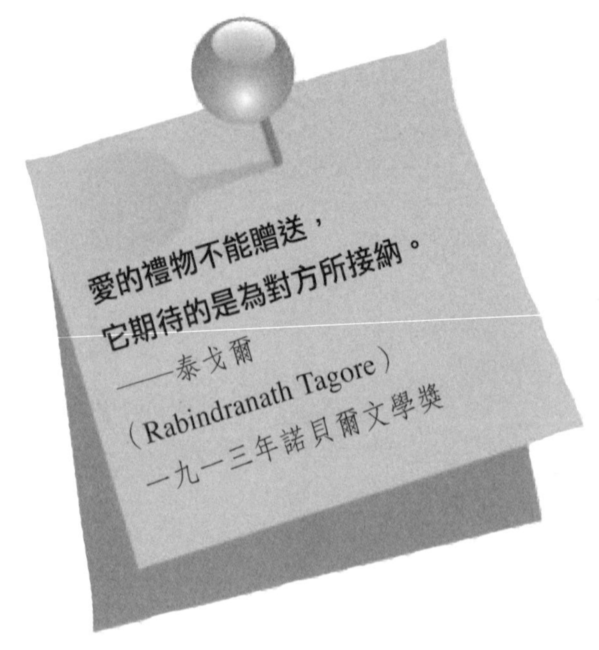
愛的禮物不能贈送，
它期待的是為對方所接納。
——泰戈爾
（Rabindranath Tagore）
一九一三年諾貝爾文學獎

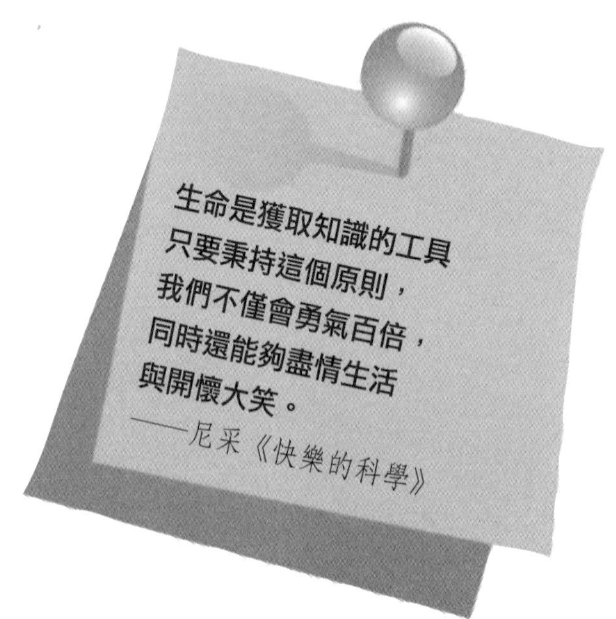
生命是獲取知識的工具
只要秉持這個原則，
我們不僅會勇氣百倍，
同時還能夠盡情生活
與開懷大笑。
——尼采《快樂的科學》

結語：腦袋是倉庫？還是工廠？

生命，正如著名德國哲學家、詩人與作曲家尼采（Friedrich W. Nietzsche）所說：生命是獲取知識的工具，我們要進一步指出：人類生命的潛能好像一個有待開發的知識金礦，有無窮寶藏和無比價值。諾貝爾獎得主已經取得的成就，正是一個有力的證據。可惜，大部分的人由於沒有進行各種訓練，個人的知識潛能從未得到完全的發揮。否則，只要發揮了足夠的潛能，任何一個平凡的人都可以透過學習成長與發展過程中，成就一番個人的偉業。因此，任何一個孩子將來都可以成為諾貝爾獎得獎者。

在本書結尾，我們要慎重地思考一個問題：

你孩子的腦袋是倉庫？還是工廠？

如何幫助孩子們將所學習到的知識與專業技能發揮「工廠」的作用？——發揮孩子們生命中的無限潛力，以便回應成就與成功的召喚。相反的，它不應該僅是儲藏知識的「倉庫」而已，在學習與成長的道路上朝向願景（Vision）邁進。記得，羅蘭（Romain Rolland）一九一五年諾貝爾文學獎得主曾經說過：

人生好比一座工廠，

裡面不曾休業，

也沒有怠惰的人立足的地方。

回應成功的召喚，以下是戴爾公司創辦人與執行長麥可．戴爾（Michael Dell）的個人成長故事。

戴爾一九六五年二月二十三日出生於美國休斯頓，現年五十四歲。二〇一八年《福布斯》（Forbes）全球億萬富豪排行榜以一百九十八億美元名列第三十九名。他是美國猶太人企業家，世界最大電腦製造商之一。他是美國《財富》評比為五百強企業總裁中最年輕的一位。一九八四年，僅十九歲的戴爾就創辦了「戴爾電腦公司」。這在很大程度上是他在讀初、高中時就積極參加社會活動所累積知識與經驗的結果。這些造就了他早熟的知識與早期成功的經驗。

讀初中時，戴爾就熱衷於集郵活動。為了購買郵票，他和同伴利用假期在餐館洗盤子。他參加了郵票拍賣會，目睹參與拍賣的人賺不少錢。於是，他細心觀察與研究拍賣的相關知識與技巧，隨後著手第一次生意的冒險：透過刊物刊登「戴爾集郵社」廣告，拍賣郵票，結果獲得了預期的成功。

讀高中時，戴爾利用暑期推銷《休斯頓郵報》，並從中找到了竅門，發現有兩種人幾乎一定會訂閱郵報，一種是剛結婚的人，另一種是剛搬進新房的人。他通過「結婚登記處」和「銀行貸款處」找到這兩種人的名單與地址，向他們推銷。結果訂戶大增，他也因此獲得了不少的進帳。正是在讀書期間參加商業活動累積的知識，培養了戴爾掌握商機的敏感性和講效率作風。

戴爾從小就愛好動手，喜歡製作。當時十五歲時，他吵著父母幫他買一台電腦。在一九八〇年代的電腦僅作商業用途，非常昂貴，在父母資助下終於如願。他一進屋就迅速地將新電腦解體，為了了解電腦是如何動作的，然後再把電腦組裝好。他不斷地購買零組件，改裝成新的功能更強大的電腦。他邁出了關鍵性的一步：想辦法提高電腦的功能，而不像同年齡人那樣沉溺於玩電腦遊戲。讀高中時，他已能熟練地改裝電腦，以低價購買零件，再把升級的電腦賣給他人。他甚至不惜曠課參觀了全美電腦展覽，這使他眼界大開，體會到電腦發展的前景與方向。

在這些豐富知識與經驗的基礎上，戴爾在剛進入大學一年級就申請了營業執照。大一下學期就成立了「個人電腦有限公司」。在一九八五年二十歲時，他成功地創造出第一部286電腦。較早地深入了解社會，注重社會知識與經驗，使他的成功時間整整提前了十年以上。戴爾的成功直接反映在他的事業發展上：從二〇一三年《福布斯》全球億萬富豪排行榜以一百五十三億美元位列第四十九，二〇一四年以一百七十五億美元位列第四十八以及二〇一五年以一百九十二億美元位列第四十七。最近二〇一八年以一百九十八億美元位列第三十九名。

現在學校實行的是比較封閉式的教育，學生很少從事實際活動。學生花費大量時間和精力用來記憶一些現成的知識以及考試解題技巧。導致學生們對於動手製作或動手實驗比較缺乏興趣與機會。甚至父母認為過多參加活動，會影響學習成績。這樣就造成了學生「高分低能」，模仿能力強，創新能力差。現在，核心素質教育的提出並逐步推廣，但最根本的改變，則要建立在教育觀念的轉變上，而這需要家長、學生與教師共同努力。

當我們從三十位諾貝爾得獎者的成長與成功案例獲得教訓，同時也記取麥可・戴爾的經驗，發揮知識的「工廠效應」，不是學非所用的「知識倉庫」。換言之，現代父母有責任要讓孩子們學會「帶得走的」能力，「會成長的」素養以及堅持「對未來的」希望。幫助他們未來在劇烈競爭的職場上，不會輸在起跑點。

回顧諸位諾貝爾得獎者的個人成就，促進這個社會更文明，更偉大；期待我們這一代以及下一代的人能夠接棒，持續努力，向卓越邁進。

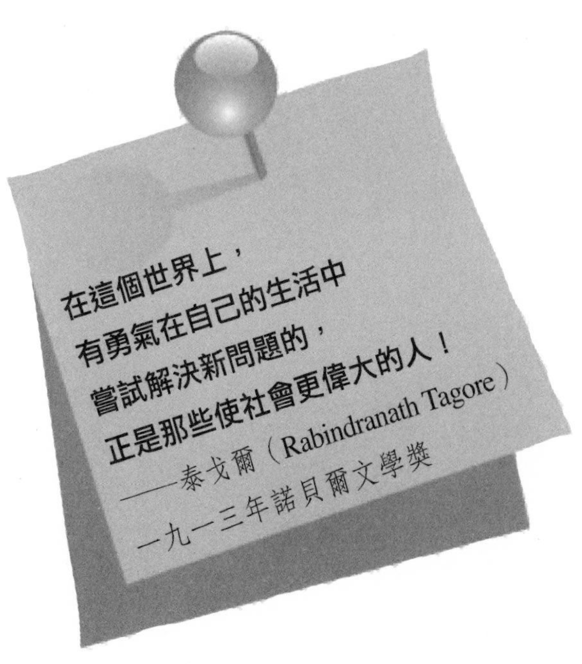
在這個世界上，
有勇氣在自己的生活中
嘗試解決新問題的，
正是那些使社會更偉大的人！
——泰戈爾（Rabindranath Tagore）
一九一三年諾貝爾文學獎

寫給過度教養的一代

Nurturing Success: Raising Nobel Prize Winners

諾貝爾得獎者給父母的180個建議

作　　者／林仁和 博士
責任編輯／賴曉玲
版　　權／黃淑敏、翁靜如
行銷業務／闕睿甫、王瑜
總 編 輯／徐藍萍
總 經 理／彭之琬
發 行 人／何飛鵬
法律顧問／元禾法律事務所　王子文律師
出　　版／商周出版
　地址：台北市中山區104民生東路二段141號9樓
　電話：(02) 2500-7008　傳真：(02)2500-7759
　E-mail：bwp.service@cite.com.tw
　發行／英屬蓋曼群島商家庭傳媒股份有限公司城邦分公司
　台北市中山區104民生東路二段141號2樓
　書虫客服服務專線：02-2500-7718．02-2500-7719
　24小時傳真服務：02-2500-1990．02-2500-1991
　服務時間：週一至週五09:30-12:00．13:30-17:00
　郵撥帳號：19863813　戶名：書虫股份有限公司
　讀者服務信箱：service@readingclub.com.tw
　城邦讀書花園：www.cite.com.tw
香港發行所／城邦（香港）出版集團有限公司
　香港灣仔駱克道193號東超商業中心1樓
　電話：（852）25086231　傳真：（852）25789337
　E-mail：hkcite@biznetvigator.com
馬新發行所／城邦(馬新)出版集團
　Cité (M) Sdn. Bhd.
　41, Jalan Radin Anum, Bandar Baru Sri Petaling,
　57000 Kuala Lumpur, Malaysia
　電話：（603）9057-8822　傳真：（603）9057-6622

封面設計／張福海
排　　版／極翔企業有限公司
印　　刷／卡樂彩色製版印刷有限公司
總 經 銷／聯合發行股份有限公司
　地址／新北市231新店區寶橋路235巷6弄6號2樓
　電話：（02）2917-8022
　傳真：（02）2911-0053

■2019年05月02日初版　Printed in Taiwan
定價／350元
ISBN 978-986-477-640-5

國家圖書館出版品預行編目(CIP)資料

寫給過度教養的一代：諾貝爾得獎者給父母的 180 個建議／林仁和 博士著 . -- 初版 . -- 臺北市 : 商周出版 : 家庭傳媒城邦分公司發行 , 2019.04　面 ; 公分

ISBN 978-986-477-640-5 (平裝)

1. 親職教育 2. 子女教育

528.2　　108003115